Inge Müller

Im Advent die Stille spüren

Texte zum Innehalten

Kaufmann Verlag

Inhalt

Das Staunen wiederfinden

Also gut – wir werden es diesmal nicht handhaben wie „alle Jahre wieder".

Wir werden die Zimtsterne im August ebenso geduldig ertragen wie die Lichterketten Anfang November und die ersten, viel zu frühen Christkindl-Märkte vor dem Totensonntag. Wir zwängen uns mit einem freundlichen Lächeln durch die Trauben hektischer, verärgerter Kunden im vorweihnachtlich geschmückten Kaufhaus und versuchen, ein wenig Wärme zu verbreiten, wenn wir schon nicht in der Lage sind, das um uns herum vorherrschende Tempo und den allgemeinen Adventsstress herunterzufahren. Wir schütteln dem anscheinend frisch vom Nordpol eingeflogenen Santa Claus und dem dekorativ neben ihm platzierten Plüsch-Rudolph in der Spielwarenabteilung aufmunternd Hand und Huf, streicheln dem Kind auf dem Schoß des Weißbärtigen über den Kopf und beantworten geduldig die Fragen einiger Umstehender, warum ausgerechnet immer dann Weihnachten gefeiert wird, wenn die Geschäfte so voll sind.

Und danach verabschieden wir uns von all dem. Heiter und voller Vorfreude, wie in Kindertagen. Vielleicht sogar noch intensiver.

Wenigstens ab und zu. Für ein paar Stunden, einen halben Tag, vielleicht ein Wochenende, vielleicht für ein paar Seiten in diesem Büchlein. Wir halten inne. Wir klinken uns aus und machen uns auf die Suche nach den wahren Wundern des Lebens, von denen die Weihnachtszeit so voll ist. Wer sollte uns daran hindern? Santa hat alle Hände voll zu tun, Rudolph sieht eher harmlos aus. Und die meisten anderen um uns herum sind ohnehin beschäftigt. Mit dem fünfzehnten Plätzchenblech, dem Bügeln von Geschenkschleifen und der Suche nach dem widerspenstigen Christbaumständer.

Wir sind also allein mit unseren Gedanken.
Und wir haben jede Menge Zeit.

Einen Gang zurückzuschalten. Die Tür behutsam hinter uns zu schließen und alle munter bimmelnden Jingle Bells freundlich, aber nachdrücklich auszusperren. Es ist ja nur für einen Moment.

Das Handy stumm zu schalten, den summenden Draht ins weltweite Netz zu kappen und für niemanden erreichbar zu sein.

Nur für uns selbst. Endlich. Für die Stille in uns, die dann eintritt, wenn sich das Kommen und Gehen der Gedanken allmählich beruhigt. Für die Erinnerungen, die dann auftauchen. Für die ganz alten, wirklich wichtigen Erwartungen und Wünsche, die immer noch auf ihre Erfüllung warten, vielleicht seit Kindertagen, gerade jetzt wieder, so kurz vor Weihnachten. Für die Wunder, von denen dieses Fest erzählt:

Das Wunder der Geburt eines Kindes. Vielleicht haben wir es in diesem Jahr selbst erlebt, am eigenen Leib, in der eigenen Familie, im Bekanntenkreis. Einen kleinen Mensch zur Welt bringen – und die Welt zu ihm. Das klingt wie eine Lebensaufgabe. Und wie ein wirklich guter Grund, ein Fest zu feiern, bei dem wir uns selbst und einander (wieder) ganz nahekommen.

Mensch werden. Das geschieht nicht im Moment der Geburt – es beginnt lange davor und endet vielleicht nicht einmal mit unserem letzten Atemzug. „Das Leben ist nicht ein Sein, sondern ein Werden, nicht eine Ruhe, sondern eine Übung. Wir sind's noch nicht, wir werden's aber. Es ist noch nicht getan oder geschehen, es ist aber im Gang und im Schwang", stellte einst Martin Luther fest.

Und der französische Dichter, Autor und Pilot Antoine de Saint-Exupèry, der uns die wundervolle Geschichte vom Kleinen Prinzen schenkte, umschreibt in seinem Gedicht „Keine Amnestie" die gleiche Tatsache mit anderen Worten: „Ich sage dir: Es gibt keine göttliche Amnestie, die dir das Werden erspart! Du möchtest sein: Du wirst nur in Gott sein. Er wird dich in seine Scheune einbringen, nachdem du langsam durch deine Handlungen geworden und geknetet sein wirst. Denn der Mensch braucht lang zum Geborenwerden."

Mensch werden. Auch das also eine Lebensaufgabe, der wir gerade jetzt gut nachspüren können. In der Mitte der winterlichen Finsternis, in der Mitte der Christnacht, in der Zeit zwischen den Zeiten und den Jahren ist vieles verborgen und vieles offen und neu.

Was fehlt uns zum Menschsein? Vielleicht mehr Aufmerksamkeit für das Leben um uns? Für seine Schönheit, seine Brüche und Widersprüche, die Schmerzen, die es uns und unseren Mitmenschen zufügt, die Ungerechtigkeiten und die Wohltaten? Mehr Dankbarkeit, Geduld, Warten-Können, Hingabe, Intensität? Mehr Bedenkzeit oder eher mehr Mut zu einem Ja, mehr Entscheidungsfreude und Tatkraft?

Und weiter: Kann es wirklich sein, dass Gott das wurde, was wir zu sein lernen: einfach ein Mensch? Dass wir an Weihnachten die Geburt eines Kindes feiern, in dem Gott tatsächlich zur Welt kam? Wagte er das, wollte er das, wusste er nicht, an wen er sich damit auslieferte? An uns Menschen, seine Geschöpfe, eine hektische, sehnsüchtige Meute, die manches Kind wohl liebt und in ihrer Mitte birgt, die manchen jungen Mann wohl emporhebt, zum König ausruft, zum Star macht – und ihn am nächsten Tag fallen lässt und mit einer Stimme fordert: „Kreuzige ihn!"

So oft fragen wir: „Wie kann Gott das zulassen?" Ob er sich wohl oft gefragt hat (und vielleicht noch immer fragt), wie und warum wir Menschen etwas zulassen?

Was sagen uns Advent, Weihnachten, die Jahres- und Jahreszeitenwende, das Fest „Erscheinung des Herrn" Anfang Januar über Himmel und Erde, über Gott und uns Menschen? Dass wir einander nahe sind, einander ähnlich? Füreinander bestimmt, einander berührend? Dass uns eine Geschichte verbindet, die alle Jahre wieder erzählt wird, aber auch immer neu und immer weiter geschrieben werden muss? Das wäre schön. Es würde so vieles verändern. Es wäre ein Wunder.

Lassen Sie sich deshalb ganz herzlich einladen, den wahren Weihnachtswundern auf der Spur zu bleiben. Den inneren und den äußeren, vor allem jenen, die sich im Kleinen verbergen. In kurzen Begegnungen, in Sekunden-Ereignissen und in den Kindern, den kleinen, ganz jungen Menschen mitten unter uns, von denen auf den folgenden Seiten häufig die Rede sein wird. Wie könnte es auch anders sein: Wir feiern die Geburt eines Kindes, das unsere Welt verändert hat …

Eine Einladung will dieses Büchlein sein. Eine Verführung zur Stille. Eine Animation zum Innehalten, zum Bei-Sich-Sein, zum Staunen. Eine spaltweit offene Tür zum Kern, zum Wesentlichen. Eine Gabe zum Verschenken an Menschen, die Sie lieben – und eine Aufgabe, die viele Tage füllen kann, auch mitten im Sommer. Denn Weihnachten hat keine Zeit, es beginnt immer und überall.

Sperren wir das Laute, Glitzernde, Selbstverständliche also einfach aus. Wenigstens ab und zu. Sie haben die Klinke schon in der Hand? Ich wünsche Ihnen von Herzen eine erfüllte Advents- und Weihnachtszeit!

Ihre Inge Müller

Abschied von Joulupukki

„Wie – du hast deinen Kindern nie vom Christkind erzählt?!"

„Von Christus, der als Kind in die Welt kam: Ja sicher! Von einem goldlockigen Christkind im Nachtgewand, das Geschenke bringt: Nein."

„Und vom Weihnachtsmann?"

„Wer soll das sein? Der echte, der Heilige Nikolaus? Der Coca-Cola-Werbeträger? Väterchen Frost oder der finnische Joulupukki? An Weihnachten geht es um Gottes Nähe zu uns, um ein Kind und das Wunder einer Geburt, nicht um ominöse Nordpolbewohner und ihre Rentiere!" Langsam rede ich mich in Fahrt.

„Und der Osterhase...?", wagt mein Gegenüber die letzte Frage.

„Nein – und um es gleich vorwegzunehmen: Den Klapperstorch habe ich auch in den afrikanischen Sümpfen gelassen. Meine Kinder wissen, dass in erster Linie Gott und dann ihre Eltern ihnen das Leben geschenkt haben."

„Wie nüchtern! Nimmst du ihnen damit nicht alle Illusionen? Ein Stück Kindheit...?"

Mag sein, ich bin in dieser Hinsicht wirklich radikal. Zum einen aber bin ich selbst in solcher elterlicher Offenheit (und damit auch Ehrlichkeit und Verlässlichkeit) aufgewachsen, und diese Tatsache hat weder meinen Glauben noch meine Neugier beeinträchtigt. Ganz im Gegenteil.

So, wie ich Horoskop-Fans antworte, dass man der Astrologie das Vertrauen entziehen sollte, wenn man die Wunder der Astronomie ernst nimmt, so habe ich nie verstanden, warum man ein Christkind, einen Osterhasen und einen Storch aus dem Hut zaubern – und sich Jahre später obendrein als Lügner entlarven lassen muss –, wenn es um jene Wunder und letzten Fragen geht, die auch uns Erwachsene, falls wir wach und offen genug dafür bleiben, ein Leben lang beschäftigen, in Atem und in Bewegung, neugierig wie die Kinder und weiß Gott auch verzaubert halten:

Wie kann es überhaupt sein, dass neues Leben entsteht und zur Welt kommt? Wer erklärt uns das Wunder unserer Geburt? Wie kann es sein, dass Himmel und Erde, Ewigkeit und Vergänglichkeit sich berühren und Gott als Kind zu uns kommt? Ist es wahr, dass mit dem Tod nicht alles aus ist, sondern dass unser Weg ins Leben führt und einer uns vorausging? Dass das Versprechen, dass Gott uns mit der Geburt eines Kindes in Bethlehem gab, an Karfreitag und am Ostermorgen tatsächlich eingelöst wurde?

Lassen wir die Märchengestalten also ruhig am Leben – dort, wo sie ihren Platz und ihre Berechtigung haben, im Reich der Fantasie. Und machen wir unsere Köpfe und Herzen und die unserer Kinder frei für die wahren Wunder, für die es sich lohnt, an den großen Festen einander zu beschenken, sich miteinander unsäglich zu freuen und zu feiern.

Weihnachten:
Gott hat endlich ein Gesicht

Wir haben gehört,
wie die Alten über Dich gesprochen haben:
Herr, sagten sie, Herrscher, König, Allmächtiger.

Und nun bist Du da:
Ganz anders, als wir Dich erwartet haben.
Dein Gesicht ist nicht zeitlos, sondern jung,
voll der Weisheit und der Neugier eines Kindes.
Du bist nicht beherrschend, sondern bedürftig,
nicht gewaltig, sondern zärtlich,
unbeeindruckt von der Macht der drei Könige,
aber erfreut über die kleinen Leute,
nicht überirdisch, sondern mitten unter uns,
zwischen Menschen und Tieren.

Eine Überraschung bist Du, Gott-Kind,
eine Botschaft ohne Worte.

Alle, die sich Könige von Deinen Gnaden nennen,
die in Deinem Namen Heilige Kriege führen
und sich in ihrer Sattheit von Dir begünstigt glauben,
sollen sich Dein Gesicht anschauen
und spüren, wie fremd sie Dir sind.
Und alle Zärtlichen und Gewaltfreien,
alle, die noch an das Gute glauben,
alle Kinder und alle scheinbar Schwachen
sollen sich Dein Gesicht anschauen und spüren,
wie sehr Du ihnen gleichst.
Deine Geburt gibt ihnen Recht.

Weil ein Kind die Welt verändern kann …

„Weißt du, ich kann mit diesem ganzen Weihnachtsbrimborium überhaupt nichts anfangen. Konnte ich noch nie“, sagte die junge Mutter bestimmt. Sie hatte neben mir im Kindergartenbus Platz genommen, die beiden Älteren angeschnallt vor uns, unsere Babys in den Sitzschalen zwischen uns.

„Und deshalb habe ich mir auch fest vorgenommen, weder meinen Jonas“ – sie wies nach vorne – „noch meine kleine Lisa hier in all das hineinzuziehen. Ich meine: Was soll das Ganze? Was feiern wir überhaupt mit diesem völlig überladenen Fest…?“

„Na ja…“, ich zögerte, warf einen Blick auf meinen kleinen, drei Monate alten Sohn, „…vielleicht die Tatsache, dass ein Kind die Welt verändern kann?“

Sie hob den Kopf, wir beiden Mütter schauten einander für einen Moment an – und sahen mit einem Blick einfach alles: Die tiefen Schatten von durchwachten Babynächten unter unseren Augen, das zerwühlte Haar, die zweckmäßige, nicht im mindesten modische Kleidung, das Handtuch über der Schulter, die Windelpakete zu Füßen, die völlige Erschöpfung und die große Freude.

„Dass ein Kind die Welt verändern kann…“, wiederholte meine Freundin, dachte eine Sekunde lang nach und begann dann unvermutet zu lachen. „So habe ich Weihnachten noch nie betrachtet. Aber wenn man uns so anschaut: Wo du Recht hast, hast du Recht!“

Wir lachten, bis wir ausstiegen, unseren Kinder-Segen im Schlepptau.

Das Lied der Schneeflocke

Ihr sagt: Fern sind die Wolken der Erde,
und fern der Himmel der irdischen Welt.
Fern ist Gott uns, seinen Menschen
und es kümmert ihn nicht unser Leid.
Doch fanget ihr mich, den winzigen Stern,
und betrachtet ihr mich, einen Augenblick nur,
bevor ich vergehe in eurer Hand,
so müsstet ihr wissen:

Verwandt sind wir alle und nahe einander,
Himmel und Erde
und Gott und die Menschen
und eines des anderen Ebenbild.
Wenn wir nur sehen und glauben.

Ihr sagt: Fern ist Gott unserer Welt,
so fern wie die Wärme der Kälte
und fern wie der Frühling dem Herbst.
Doch wie nah ist die Herbstzeitlose, die zarte,
ihr Violett-Kleid wie Flügel gebreitet gegen den Frost,
ihrem Bruder, dem Krokus, der im Frühling
seine Blätter mutig erhob über den Schnee,
von nämlicher Farbe,
wie ein Zwilling ihr gleich?

Denn verwandt sind wir alle und nahe einander,
Himmel und Erde
und Gott und die Menschen
und eines des anderen Ebenbild.
Wenn wir nur sehen und glauben.

Ihr sagt: Fern ist Gott unserer Welt,
so fern wie der Sommer dem Winter
und so fern wie die Freude dem Leid.
Und doch weiß der kalte Eisfarn am Fenster
von seiner grünen Schwester im Walde.
Und malt der Dezember uns Blüten ans Glas,
lässt uns erhoffen den kommenden Mai.
Und doch falle ich, der glitzernde Schneestern,
wie eine Botschaft vom Himmel,
ein Stern-Brief von oben, wie die Leuchtspur,
der ihr eure Wünsche nachschickt
in der Sommernacht Mitte.

Denn verwandt sind wir alle und nahe einander,
Himmel und Erde
und Gott und die Menschen
und eines des anderen Ebenbild.
Wenn wir nur sehen und glauben.

Ihr sagt: Fern sind die Wolken der Erde,
und fern der Himmel der irdischen Welt.
Fern ist Gott uns, seinen Menschen
und es kümmert ihn nicht unser Leid.
Doch nah ist das Kind in der Krippe,
das von Gott kommt und Gott ist,
in allem uns gleich,
in Geburt und Tod
und weit über beides hinaus.
Und nahe ist das, was es kündet,
was jedes Kind uns verkündet,
das heut' Nacht zur Welt kommt
in unserer Mitte:

Dass Gott mit uns ist,
dass er uns liebt in all unserer Ohnmacht.
Dass er uns sieht und hört,
dass er uns sucht, bis er uns findet,
so sehnsüchtig, ohnmächtig, stark wie ein Kind,
neugeboren in jedem von uns,
lächelnd und weinend mit allen.
Dass er uns gleicht,
wie der Fixstern dem Schneestern,
wie die Wolken dem Wasser.
Dass er Himmel und Erde bewegt,
um uns nahe zu sein,
bis sie sich berühren für eine Nacht.
So fanget mich, den winzigen Stern,
und betrachtet mich, einen Augenblick nur,
bevor ich vergehe in eurer Hand,
und sehet:

Verwandt sind wir alle und nahe einander,
Himmel und Erde
und Jenseits und Diesseits
und Freude und Leid
und Gott und die Menschen
und eines des anderen Ebenbild.
Wenn wir nur sehen und glauben.

Advent: Bald ist es Zeit …

Das Wort „Advent" kommt vom Lateinischen „adventus" und bedeutet „Ankunft". Gemeint ist damit in erster Linie eine seit langem sehnlich erwartete Ankunft, auf die man sich sorgfältig vorbereitet. Vor allem innerlich, mit Herz, Seele und Geist, aber auch äußerlich, durch die Reinigung des Körpers, durch das Anlegen von festlicher Kleidung und Schmuck.

Geht es um die Ankunft eines göttlichen Wesens in der Welt oder darum, sich umgekehrt als Mensch einer Gottheit zu nähern und bei ihr anzukommen, so beinhaltet die Vorbereitung in allen Religionen der Welt auch eine Fastenzeit. Die Vorstellung dahinter: Mit dem „Weniger" an Äußerlichkeiten, hier in Form fester Nahrung, erwirbt sich der Fastende ein „Mehr" an Innerlichkeit, an Konzentration auf das Wesentliche.

Mitunter zieht die Vorbereitung auf eine (göttliche) „Ankunft" und eine Zeitenwende noch weitere Kreise: Sie kann die Forderung nach einer Umkehr beinhalten, wie sie vor dem ersten öffentlichen Auftreten Jesu der Prophet Johannes der Täufer verkündete und damit Scharen von Menschen anzog. Ein Neuanfang in Haus und Hof, mit Freunden und Familie, Erlösung aus alter Schuld, Versöhnung mit den Feinden, Erfüllung eines vor langer Zeit gegebenen Versprechens, Annäherung an Gott.

Neben aller Ausdehnung und Intensität der adventlichen Vorbereitungszeit schwingt in dem lateinischen

Verb „advenire – ankommen" aber auch ein Ausdruck von Eile mit: Als flögen sie über die letzte Wegstrecke hinweg schier aufeinander zu, der ersehnte Ankömmling und der seit langem Wartende. Doch dieser letzte Sprung ans Ziel, einander in die Arme, ist nicht denkbar ohne das lange Warten, das Sehnen und Sich-Vorbereiten. Wer das Ziel vorwegnimmt, nimmt es weg.

Im Urchristentum begann das Warten auf Weihnachten schon mit dem 11. November und endete mit dem 6. Januar, dem „Fest der Erscheinung des Herrn" oder „Epiphanie", unserem heutigen Dreikönigstag. Man schuf damit – die Wochenenden und Feiertage nicht mitgerechnet – ein vierzig Tage langes Warten auf die Ankunft Gottes in der Welt, entsprechend der vierzigtägigen Fastenzeit vor Ostern, dem vierzigtägigen Fasten Jesu in der Wüste, den vierzig Tagen, die Mose auf dem Berg Sinai zubrachte, den vierzig Jahren, die das Volk Israel auf seinem Weg ins verheißene „Gelobte Land" durch die Wüste zog, und der vierzig Tage andauernden Sintflut.

Vierzig Tage, diese Zeitspanne steht in der Zahlensymbolik der Bibel oft für eine Prüfung und Läuterung, eine Durststrecke, eine Straße voller möglicher und vielleicht auch nötiger Ab-, Um- und Irrwege. Für eine Phase der Suche, Erwägung, Reifung, Umkehr und auch Gnade bis hin zum Ziel, an dem man sich selbst und zugleich Gott begegnet und ein großes Fest gefeiert wird. Vierzig Tage, die unser ganzes Leben im Miniaturformat abbilden wollen.

Und was unser Leben angeht: Auch da öffnet sich jeder Tag, der uns geschenkt wird, wie eine Tür vor uns, und es lässt sich fast nichts beschleunigen. Das weiß jede

Mutter, die geduldig ein Kind austrägt, und jeder Kranke, der seine Genesung herbeisehnt. Das weiß der Bauer, von dem in der Bibel die Rede ist, der das Korn auf dem Acker aussät „… und er geht schlafen und er steht auf, Nacht und Tag. Und der Same geht auf und wächst – wie, das weiß er nicht. Denn von selbst bringt die Erde Frucht, zuerst den Halm, danach die Ähre." (Markus 4, 26–29).

Manches muss eben in aller Ruhe wachsen und reifen, der Natur anvertraut, der Zeit und Gott, es lässt sich nicht beschleunigen – und übrigens auch nicht aufhalten, wenn seine Zeit einmal gekommen ist. Gegen alle Sofort-, Instant-, To-Go-, Live- und Echtzeit-Versprechen, ebenso wie gegen sämtliche Anti-Aging-Methoden, die den Lauf der Zeit nicht beschleunigen, sondern im Gegenteil anhalten wollen.

Eine kleine „Beschleunigung" lässt sich über die Jahrhunderte der Kirchengeschichte hinweg sogar in Sachen Advent ausmachen: Aus der vierzigtägigen Fastenzeit rund um Weihnachten wurden schon um 600 nach Christus unter Papst Gregor dem Großen kurze vier Wochen. Sie symbolisierten die 4000 Jahre, die seit der Vertreibung der ersten Menschen aus dem Paradies bis zur Ankunft des ersehnten Erlösers – auf Hebräisch genannt „Messias", auf Griechisch: „Christos", das heißt (königlicher) Gesalbter und Gesandter von Gott – vergangen sein sollten. Rund 1200 Jahre später tauchten die ersten Adventskalender und der erste Adventskranz auf, beides Zählhilfen für die Tage vor dem Fest, die im protestantischen Bereich entstanden.

Tief im Innern spüren wohl manche von uns, wie viel Weisheit in der Idee des Advent steckt. Es macht uns innerlich nicht stärker, alles, was wir uns wünschen, jetzt, gleich und sofort zu bekommen. Im gelassenen Warten, im engagierten Hoffen und geduldigen Darauf-Zugehen liegt eine ungeheure Kraft.

Zum Glück gibt es mittlerweile eine starke Bewegung in Richtung „Verlangsamung" und „Bewusster Leben". Der Autor und Psychologe Jürgen vom Scheidt führte bereits 1979 den Begriff der „Entschleunigung" ein. Der Grundgedanke „Langsamer ist intensiver und mehr" lässt sich allerdings Jahrtausende zuvor in den Religionen und Philosophien der Welt verfolgen.

Ein gutes „Programm" für den Advent, das vielleicht einfach entsteht und wächst, während der vier Wochen vor Weihnachten: Mir bewusst Zeit lassen, wo ich bisher beschleunigt habe. Das Warten üben. Tief durchatmen im Stau und an der Bushaltestelle (die dadurch vielleicht zu einer „Innehalte-Stelle" wird?).

Mir Zeit nehmen, Zeit für andere haben, Zeit verschenken. Still werden, schweigen lernen für Minuten und Stunden, das Leben wieder leise lernen. Mich mit der frühen Dunkelheit aussöhnen und, allenfalls beim Licht einer Kerze, die „Blaue Stunde" der Dämmerung zwischen Tag und Nacht willkommen heißen, die man in früheren Zeiten, nach der mühsamen, körperlichen Arbeit des Tages, so hoch schätzte. Guter Hoffnung und voller Erwartung sein, mir ein (kleines, erreichbares) Ziel setzen und bewusst darauf zugehen …

Und warum dies alles jetzt, im 21. Jahrhundert? Worauf gehen wir denn zu, was erwarten wir denn, wenn Christi Geburt mehr als zweitausend Jahre zurückliegt? Davon wird im letzten Kapitel dieses Büchleins die Rede sein, denn – wenn wir den letzten Weissagungen der Bibel glauben – dann befinden wir uns längst in einem zweiten Advent und vor einem zweiten Fest, das nie mehr enden wird.

Die Versuchung

Das kleine Mädchen grübelte. Es kämpfte mit sich. Vor ihm auf dem Tisch lag der Adventskalender. Nicht etwa ein flacher, pappig-dünner von der Sorte, die nichts anderes zu bieten haben als etwas Silberglimmer auf den Flügeln der Engel und im dekorativ arrangierten Schnee, der das Deckblatt ziert, und hinter den Türen nur ein paar ärmliche, gemalte Bildchen von Glocken, Sternen und Zweigen...

Nein, dies war ein richtiger Adventskalender. Dick, voller Geheimnisse – und voller Schokolade. So viel wusste das kleine Mädchen.

Sein Blick schweifte über das Deckblatt, das eine vorweihnachtlich geschmückte Straße zeigte. Einige Fenster und Eingänge der Häuser waren zu verheißungsvollen Türchen umgestaltet und mit den Zahlen von eins bis vierundzwanzig versehen. Manche waren eher klein bemessen, dahinter würde sich nur ein winziges Stück Schokolade verbergen. Aber die Nummer sechs, die Überraschung für den Nikolaustag! Und erst die Vierundzwanzig! Letztere nahm ein ganzes Hoftor ein, zweiflügelig gar, am Morgen des Heilig-Abend-Tages zu öffnen. Womöglich versteckte sich hinter den beiden Torflügeln eine ganze Krippenszene zum Aufessen!

Das kleine Mädchen zögerte. „Die Eins wird erst übermorgen aufgemacht", hatte die Mutter gesagt, als sie den Adventskalender auf den Tisch legte. „Zwei Tage musst du noch warten, dann haben wir den 1. Dezember und du darfst loslegen. – Ich bin so froh, dass ich überhaupt noch einen so schönen Schokoladen-Kalender für dich ergattern konnte, es war einer der letzten...", hatte sie stolz hinzugefügt. Und dann die drei im Zimmer miteinander allein gelassen: Das Mädchen, den Adventskalender – und die Versuchung.

Der kleine Zeigefinger fuhr die Perforationen auf dem Deckblatt nach. Wenn man die Eins heute schon öffnete, das eine, winzige Stückchen Schokolade aß und das Türchen wieder sorgfältig verschloss, würde es niemand bemerken. Gut, die Vorfreude auf den 1. Dezember wäre dann dahin – aber eben auch diese brennende, nagende Ungeduld, dieses „Lieber jetzt! Jetzt gleich! Warum nicht?"

Ja, warum eigentlich nicht?

Hinter der Eins befand sich ein Engelchen aus Schokolade, hinter der Sechs ein Nikolaus und hinter der Vierundzwanzig tatsächlich ein flacher Schokoladenstall mit einer liebevoll modellierten Krippenszene. Aber da war ohnehin schon alles zu spät.

Nie wieder hat das kleine Mädchen eine so traurige Adventszeit erlebt wie damals, obwohl tatsächlich niemand bemerkte, dass der Kalender leer, das kostbare Geschenk der Mutter sinnlos, die Süße schon vor der Zeit ausgekostet worden war. Und nie wieder hat das kleine Mädchen so gut verstanden, wie wichtig es ist, Geduld zu haben, Erwartung und Vorfreude wachsen zu lassen, lieber langsam auf ein Fest zuzugehen, als einen Sprung zu wagen, der in bodenloser Traurigkeit endet.

Was könnte wachsen?

Ich wollte nie mittun,
wenn sie die Kirschzweige brachen,
die kahlen Forsythienäste in die Stube holten,
mitten im kalten Winter,
die Blüten hervorlockten
in die trügerische Wärme, viel zu früh,
zum alsbaldigen Welken verurteilt,
ohne jemals den Frühling zu sehen.

Ich nahm das winzige Korn,
den Samen von Petersilie oder Dill,
später auch Basilikum,
steckte ihn vorsichtig in die Erde,
goss ihn behutsam und beobachtete ihn,
mitten im kalten Winter, mitten im Advent.

Ließ ihm Zeit und dachte oft:

Was schlummert in mir?
Im Dunkel verborgen?
Etwas, das ich immer schon tun wollte.
Etwas, das ich mir nie zugetraut habe.
Etwas, das noch Zeit braucht,
um anzukommen, zu wachsen, zu blühen
und Frucht zu tragen.
Nur nicht gezwungen,
nur kein zu früher Frühling.
Lieber noch etwas warten.

Advent heißt: Bald ist es Zeit.

Abendgebet im Advent

Alles Große lässt Du im Kleinen beginnen,
Gott,
und wachsen und Kräfte sammeln
im Dunklen und im Verborgenen,
damit es einst an den Tag kommt und zur Welt:
Unser eigenes Leben im Mutterleib
genauso wie das Wunder von Weihnachten
und das Geschehen der Osternacht.

Darum gehen wir getrost
in diesen frühen Winterabend.

Du bist bei uns, Gott,
der Du dort,
wo unsere Nacht am tiefsten ist,
Deinen neuen Tag beginnen lässt.

Muttergottes von Tinos

„Es kommt ein Schiff geladen bis an sein' höchsten Bord."

Da läuft sie in den Hafen ein, die „Panagia Tinoi", die „Muttergottes von Tinos". Strahlend weiß und majestätisch durchkämmt sie die blauen Ägäiswellen, dreht längsseits, schwere Tore öffnen sich in der Schiffswand, dann strömen sie heraus aus dem Schiffsbauch ins gleißende Sonnenlicht: Kinder und Alte, Frauen und Männer, Touristen, Pilger, Einheimische, Autos und ein Esel.

Kein Wunder eigentlich, so denke ich, dass Schiffe Frauennamen tragen, dass sie mit weiblichen Gallionsfiguren geschmückt werden, und dass man von „Schiffsbäuchen" spricht. Schiffe geben Raum in ihrem Inneren, verbinden Welten miteinander – das Festland und das Eiland – tragen uns über das Wasser, schützen vor Wind und Wellen und entlassen uns schließlich aus der bergenden Dunkelheit ins Sonnenlicht – wie eine schwangere Frau ihr Kind.

„Es kommt ein Schiff geladen bis an sein' höchsten Bord,
trägt Gottes Sohn voll Gnaden, des Vaters ewig Wort."

In Straßburg am Rhein lebte von 1300 bis 1361 ein berühmter und beliebter Prediger: der Dominikanermönch Johannes Tauler, ein geistiger Schüler und Nachfolger des Mystikers Meister Eckhart. Von sehr weit her kamen die Menschen, um seinen bildhaften und verständlichen Reden zu lauschen. Ihm wird das älteste uns bekannte Adventslied in mittelhochdeutscher Sprache zugeschrieben.

Es heißt, Tauler sei am Vorabend eines Adventssonntags am Rheinufer spazieren gegangen. Er sah den hochbeladenen Schiffen und dem Wiegen der Wellen zu, im Kopf eine ebenso wiegende Melodie, zu der ihm nur noch die Worte fehlten. Und dann, so sagt man, seien ihm die Worte für dieses Adventslied, das noch heute zu den Lieblingsgesängen der Rheinschiffer zählt, gleichsam zugeflossen, mit den Wellen: jene Zeilen, welche die schwangere Gottesmutter mit einem Schiff vergleichen, hoch beladen, ganz erfüllt. Das Gleichnis folgt alten Bildern des frühen Christentums, die Maria auch als „Arche des Neuen Bundes" preisen.

Wer das Lied singt, spürt die Wellen. Man kann einen ganz langsamen Walzer darauf tanzen, ein Kind lässt sich dazu wiegen. Wenn ich dem Takt nachspüre, kann ich vielleicht auch fühlen, wie viele Gnaden, Begabungen, Ideen in mir stecken, denen ich Hand und Fuß verleihen, die ich zur Welt bringen könnte, wie ein Kind. Advent ist eine gute Zeit dafür. Denn Advent heißt Ankunft. Ich bin viel unterwegs in diesen Tagen, zwischen Kaufhaus, Christkindlmarkt und Weihnachtsfeier. Dabei möchte ich wie ein Schiff anlegen, wirklich ankommen bei den Menschen, die mir wichtig sind, mit meiner Liebe und Fürsorge, mit meinen Gedanken und Gefühlen – und nicht nur mit sorgsam verschnürten Geschenkpäckchen.

„...trägt Gottes Sohn voll Gnaden, des Vaters ewig Wort."

Die Frau als Gefäß? Nur Trägerin des Wortes, der Idee, des Sinns? Im Bild des hochbeladenen Schiffes, der hochschwangeren Maria steckt mehr: Sie lässt das Wort,

Gottes Sohn, „Fleisch“ werden, wie es der Evangelist Johannes beschreibt, sie gibt ihm Leben, Hand und Fuß, Wärme und Menschlichkeit. In den Bildern von Schiff und Bauch und kostbarer Last scheint noch etwas durch von der Kraft der vorchristlichen Göttinnen, vom nimmerleeren Krug und vom Füllhorn, mit dem sie Leben, Segen und Nahrung über die Erde gossen.

„…das Segel ist die Liebe, der Heilig Geist der Mast.“

Wärme und Sinnlichkeit verbergen sich auch in diesen Bildern. Wärme, die nicht nur Maria meint, sondern auch Gott, eine Einheit mit Maria bildend. Und ich merke, ich habe in den letzten Jahren so viel über die weiblichen Anteile Gottes nachgedacht, dass mir dabei manche spannende Frage aus der Weihnachtsgeschichte verloren gegangen ist. Was heißt: „Der Heilige Geist wird über dich kommen?“ Was bedeutet: „Die Kraft des Allerhöchsten wird dich überschatten?“ Kann ich mir einen Gott vorstellen, der eine Frau liebt, der Vater wird, der sein Kind in die Welt begleitet? Einen leidenschaftlichen, zärtlichen, besorgten Gott?

Was ich tun kann

Ich nehme mir Zeit.
Jede Kerze am Adventskranz
steht für ein Jahrtausend,
in dem das Volk Israel auf den Messias wartet.
Ich habe vier Wochen lang Zeit,
ein paar Geschichten aus diesen vier Jahrtausenden
wieder einmal nachzulesen.
Und nachzudenken:
Woher komme ich? Worauf warte ich?

Ich lasse Licht werden.
Vier Wochen, um die dunklen Ecken auszuleuchten:
auf dem Speicher der fast vergessenen Gefühle,
zwischen meinen Schatten- und Nachtseiten,
Erinnerungen und Plänen,
Truhen voller ungeschriebener Briefe
und nie ausgesprochener Worte.
Was gehört längst ans Licht?
Und was sieht – bei Licht besehen –
gleich ganz anders aus?

Ich spüre die Wärme.
Mitten im kalten Winter fühle ich, wie nötig sie ist:
Für die Freundschaften, die ich auf Eis gelegt habe.
Für die Anteilnahme, die ich mir vorgenommen hatte –
schon Schnee von gestern?
Für die Winkel, in denen ich innerlich friere.
Vier Wochen Zeit, es tauen zu lassen.

Ich brauche Fantasie
Einen kleinen Geistesblitz,
was ich schenken könnte.
Was brauchen die Kinder, der Partner, die Freunde?
Was brauchen sie wirklich, von mir?
Vielleicht Zeit, Licht, Wärme und Fantasie?

Dann wäre ich am Ende dieses Advents
gut angekommen:
bei denen, die ich beschenken will –
und bei dem, der uns beschenken will.

Der lebende Adventskalender

Die Stadt lag zu meinen Füßen.
Es war kalt,
doch ich hatte mir vorgenommen, zu warten.

Ein Haus mit zwölf dunklen Fenstern fasste ich ins Auge
und stellte mir die Aufgabe,
so lange hier stehen zu bleiben,
bis wenigstens sechs von ihnen erleuchtet wären.

Und während ich wartete, abwechselnd gespannt,
dann wieder mich selbst für verrückt erklärend,
gingen dort unten tatsächlich die Lichter an.
Eins nach dem anderen.
Manchmal mit großen Abständen dazwischen,
manchmal fast gleichzeitig,
als hätten sich zwei verabredet,
gemeinsam nach Hause zu kommen.

Und obwohl mir die Füße fast festfroren
am eisigen Boden,
wuchsen meiner Fantasie Flügel:
Hinter jeder Tür des Adventskalenders ein Geheimnis.
Hinter jedem erleuchteten Fenster eine Geschichte:
Von dem jungen Studenten,
der seinen Eltern im Schein der Lampe schreibt,
dass er weder mit der fremden Stadt
noch mit der Uni zurechtkommt
und überlegt, noch vor Weihnachten alles hinzuwerfen.
Von dem Pärchen, das sich in seiner kleinen Küche
ein fürstliches „Dinner bei Kerzenlicht" zubereitet.

Von der alten Frau,
die im Licht ihrer Schreibtischlampe
das Familienalbum durchblättert,
manchmal lächelnd, dann wieder den Tränen nahe.
Und vom Kind,
das folgsam die große Deckenleuchte löscht,
während es,
mit der Taschenlampe unter der Bettdecke,
in die spannende Geschichte einer Polarexpedition
und ins ewige Eis eintaucht…

…das ich im Übrigen deutlich
unter meinen Füßen spüren konnte.
Doch ich blieb und wartete.
Übte mich in Geduld.

Bis auch das letzte Fenster
mir seine Adventsgeschichte erzählt hat.

Im Schnecken-Tempo

Entschleunigung geht ganz einfach.

Sie wollen rasch noch zum Tante-Emma-Laden um die Ecke, die vergessene Milch besorgen? Nehmen Sie einen Zweijährigen mit – und vergessen Sie das Wort „rasch“. Völlig gleichgültig, ob es Ihr Kind ist, Ihr Enkel, Ihr Neffe, Nachbars Mareike oder Luca, der Sohn der Freundin.

Mehr brauchen Sie nicht.

Keinen Guru, keine Zen-Meisterin, keine Lehrerin, keinen teuren Trainer für entspanntes Management.

Gehen Sie einfach los, das kleine Kind an der Hand. Sie werden bald vergessen, wer wen führt.

Schon der nächste Schneehaufen wird zur Zugspitze und zum Drachenfelsen, der Eiszapfen im Sonnenlicht zum bewundernswerten silbernen Juwel, das winzige Rinnsal zum reißenden Strom, der eine verirrte, ahnungslose Spinne bedroht, die es hier und jetzt in einer dramatischen Aktion zwischen Asphaltwüste und tödlichem Gullispalt zu retten gilt. Den Nachbarn, der dem Kind fröhlich zuwinkt, als seien die beiden alte Freude, haben Sie noch nie zu Gesicht bekommen.

Dass der rote Hydrant an der Ecke einem stummen Fabelwesen gleicht, welches zwingend mit einer langen Umarmung begrüßt werden muss, ist Ihnen bisher ebenso entgangen wie die Tatsache, dass die Männer auf den gewaltigen Räumfahrzeugen echte Helden des Alltags sind, die man mit großen Augen bestaunt, hingerissen zwischen Angst und Ehrfurcht.

Haben Sie schon einmal mit einer Schneeflocke um die Wette getanzt oder sich eine vom Finger geschleckt, mit detektivischem Spürsinn die Pfotentritte des Katers im Schnee bis zum Vogelhäuschen verfolgt und todesmutig das Abenteuer „Hofeinfahrt mit kläffendem Hund“ bestanden? Hier ist Ihre Gelegenheit!
Vielleicht zeigen Sie Ihrem kleinen Begleiter, Ihrer Begleiterin schließlich sogar den „Engel“, lassen sich auf den Rücken fallen und rudern lachend mit den Armen, so dass eine Gestalt mit Flügeln im Schnee zurückbleibt?

Ob Sie am Ende noch rechtzeitig Ihre Milch bekommen, steht in den Weihnachtssternen, aber dafür halten Sie etwas anderes an der Hand:

Ein kostbares Geschenk: eine völlig neue Welt.

Ein Fest für das Un-Fassbare

Mehr Mut zur Leere.
Mehr Raum für das Un-Fassbare.
Wie wäre es?

„Ich schenke dir einen leeren Tag –
du darfst ihn füllen."
„Ich schenke dir ein offenes Ohr,
du darfst mir alles erzählen."
„Wir schenken euch einen leeren Teller:
Ihr bestimmt in diesem Jahr das Festessen."
„Ich schenke dir etwas,
was ich am liebsten selbst behalten hätte."

Ein Fach leeren,
eine Sammlung auflösen,
was brauche ich wirklich,
was verbaut mir nur den Blick auf Wichtiges?
Eine Geldbörse leeren – einen Teil davon? –
für ein sinnvolles Annliegen?
Den Baum einen Tag lang
ungeschmückt lassen,
nur sein Grün bewundern?
Und die Mattscheibe bleibt dunkel?
Und die Krippe: erst einmal leer?
Und dann erzählen:
vom Kind Jesus,
von den Kindern in der Welt,
von der Ohnmacht
und der Macht der Kinder.
Erst dann das Kind in die Krippe legen.

Etwas weniger Bekanntes,
etwas weniger „Alle Jahre wieder".
Etwas mehr Erwartung und Hoffnung,
dass der Leerraum sich von selbst füllen möge
mit der anziehenden und ausstrahlenden,
zärtlichen und sich zuneigenden,
öffnenden und schützenden
unfassbaren Kraft Gottes,
die hinter der Wirklichkeit
und in sie hinein wirkt.

Meditation vor einer Kerze

Ich will mich öffnen auf Dein Licht hin, Gott.
So oft fehlt mir die innere Ruhe,
die Wärme und Sammlung,
die von dieser kleinen Flamme ausgeht.
So oft bin ich ein flackerndes Licht,
aufgestört von Lärm und Stimmengewirr
und von der Unrast um mich herum
und in mir selbst.

Es fällt mir schwer,
den Funken des Lebens in mir,
Deinen Funken,
ruhig und stetig,
einfach und ohne viel Aufhebens
kraftvoll und weithin leuchtend
brennen zu lassen.
Oft tappe ich selbst im Dunkeln,
folge den vielen aufgeregten Leuchtreklamen,
lasse mich hinters Licht führen.

Und dabei sehne ich mich nach einem Licht,
nach Deinem Licht,
das mein Inneres erhellt,
das die Schatten der Angst
und der Ungewissheit vertreibt.

Lass Dein Licht leuchten in mir,
während ich schaue und schweige.
Lass das Leben in mir sich entfalten,
leise und stark.

Lass mich andere anstecken,
fast wie von selbst,
damit viele kleine Kerzen leuchten
und Dein Licht
in uns allen sichtbar werde
heute und jetzt.

Das Licht finden

Wenn das Jahr sich neigt,
wenn schweres Grau die Sonne verhüllt
und kaltes Weiß die Wiesen und Wege,
dann
das Licht finden,
das in einem Fenster leuchtet,
das durch eine offene Tür fällt,
das uns eine glitzernde Straße baut –
durch Kälte und Dunkelheit nach Hause –
das Licht,
das vom Himmel herabfällt
wie ein Stern,
um uns zu besuchen,
wenn wir es am meisten brauchen.

Aufbruch: Berührt vom Finger eines Engels

Die Weihnachtsgeschichte ist, wie die Bibel insgesamt, erfüllt von kraftvollen Gestalten: Frauen und Männer, die einen eigen-willigen Weg suchen, abseits der vorgeschriebenen Pfade. Propheten und Seherinnen, Magier und Hirten, Herbergswirte, Zimmermannsleute und Schriftgelehrte, Engel und Könige. Bei aller Unterschiedlichkeit ist diesen Menschen vieles gemeinsam: Sie sind mit Gott per Du. Und ob sie seinem Wort Glauben schenken und ihm folgen oder nicht – sie bleiben nicht gleichgültig. Sie hören seine Stimme, sie antworten ihm, sie lassen sich berühren vom Anruf Gottes.

Im Alten Testament erhebt sich der junge Tempeldiener Samuel, von Gott aus dem Schlaf geholt, mitten in der Nacht und spricht: „Rede, Herr, Dein Diener hört." Und Sarah, die betagte Frau des Abraham, wagt es, Gott auszulachen, der ihr – entgegen allen Naturgesetzen – im hohen Alter noch ein Kind verheißt. Menschen weinen und zürnen vor Gott, sie hadern und handeln mit ihm, sie lieben und loben ihn mit Worten, deren Kraft und Poesie über zwei-, dreitausend Jahre hinweg bis in unsere Zeit hinein strahlt.

Und sie wandern unter Gottes Augen: einzeln, paarweise, familien- und herdenweise, in ganzen Völkerschaften. Der Stammvater des Volkes Israel, Abraham, bricht aus der Stadt Ur im Süden des Iraks unserer Tage Richtung Mittelmeer auf, durchquert das Gebiet des heutigen Israel und wandert weiter nach Ägypten. Mose verlässt das Land der Pharaonen und führt sein Volk zurück in das „Gelobte Land“. Maria und Josef befinden sich auf dem beschwerlichen Weg in das wegen einer von den römischen Besatzern befohlenen Volkszählung völlig überfüllte Bethlehem, als sich die Geburt ihres Kindes Jesus ankündigt. Die drei Weisen aus dem Morgenland machen sich, womöglich aus Persien/Iran kommend, auf den Weg und folgen dem Stern, der sie zum Geburtsort Jesu führt. Und Jesus selbst, in dieses „Volk im Aufbruch“ hineingeboren, befand sich Zeit seines Lebens auf Wanderschaft, am See Genezareth, zwischen Jericho und Jerusalem, vom Berg Golgatha zurück nach Galiläa.

Gott ist es, der diese Wanderungen auslöst. Oft setzt sein Anruf Menschen in Bewegung, innerlich und äußerlich, motiviert zum Aufbruch ins Unbekannte, vollkommen Ungeplante. Unterwegs aber erweist sich Gott als „Emmanuel“, als „Gott mit uns“: Er bleibt nicht zurück, sondern wird selbst zum allgegenwärtigen Wanderer. Er begleitet den Einzelnen wie das Volk, er bleibt an der Seite derer, die in seinem Namen ausziehen – als Wolke, als Feuersäule, als lebendiges Wort und Gebot.

Nicht allein im Tempel von Jerusalem lässt sich der Herr dieses wandernden Gottesvolkes verehren und bestürmen – er befindet sich vielmehr immer dort, wo die Menschen sich gerade aufhalten. Zwischen Wüsten, Bergen, Oasen und Meer ist ihr Gott für sie zu sprechen. So wie auch er selbst das Wort an seine Geschöpfe richtet: unvermutet, aus heiterem Himmel oder, häufiger, inmitten der Nacht, als Stimme im Traum. Ähnlich nähern sich seine Boten, die Engel, den Frauen und Männern der Bibel – keineswegs als geflügelte, niedliche Putten, sondern als mächtige Lichtgestalten, deren Flügel nichts anderes symbolisieren als die Fähigkeit, den Abstand zwischen zwei Welten, Himmel und Erde, Jenseits und Diesseits zu überwinden und beiden Kunde voneinander zu bringen.

Berühmt ist die Szene, in welcher der Erzengel Gabriel dem Mädchen Maria aus Nazareth die Geburt eines Sohnes ankündigt und ihr nicht verschweigt, dass dieser von Gott selbst stammen und einst „Sohn des Höchsten" genannt werden würde. Und die junge Frau, „verlobt mit einem Manne namens Josef", wie die Bibel berichtet, willigt in diesen ungeheuerlichen Plan ein, der Himmel und Erde einander nahe bringen, ihr eigenes Leben aber völlig auf den Kopf stellen wird. Ebenso ist uns überliefert, wie häufig Josef dem Fingerzeig Gottes, übermittelt durch einen Engel, folgte – gegen den „gesunden Menschenverstand", gegen Brauch und Sitte und alles Gerede der Leute.

Sich berühren lassen – vom Anblick eines Kindes, von Begegnungen in dieser besonderen Zeit des Jahres, von einem ganz dringlichen Wunsch, den ich jemandem von den Augen und von den Lippen ablese. Auch das ist eine Aufgabe, nicht nur für diesen Advent, sondern für alle Tage des Jahres. Dem leisen Anruf Gottes in mir Raum zu geben, den ich vielleicht als „innere Stimme", als „Stimme meines Herzens", als mein Gewissen oder meine Be-Rufung wahrnehme.

Oft sehe ich ihn sehr genau, meinen Weg, vorbei an den Mächtigen der Welt, am Gerede der Leute, an wohlgemeinten Ratschlägen. Es ist nur nicht immer leicht, ihm zu folgen. Und dann: mit einem Schlag hellwach zu sein, aufzubrechen, gegen den Strom, auf neuen Wegen in die Zukunft.

Der Traum der Könige

Berührend im wahrsten Sinne des Wortes, auch wegen ihrer unmittelbaren Verständlichkeit für uns Heutige, ist die Darstellung „Der Traum der Könige“ in den Säulen-Kapitellen der Kathedrale von Autun in Burgund. Das romanische Steinrelief stammt aus dem 12. Jahrhundert. Es zeigt die drei „Weisen aus dem Morgenland“, die man, den Prophezeiungen des Alten Testamentes folgend, schon früh als „Könige“ bezeichnet hat. Womöglich vereinigten sie in sich, wie in der persischen Kultur üblich, die Rollen des Weisen, Herrschers, Priesters, Arztes und Magiers oder Sterndeuters in einer Person.

Die drei Männer schlafen unter einer kostbaren Decke, erschöpft von ihrer langen Reise nach Bethlehem, beeindruckt und erfüllt von dem, was sie in Gegenwart des Kindes erlebten, das sie als den ersehnten König einer neuen Weltordnung erkannt haben.

Da neigt sich ein Engel über sie, berührt einen der drei sanft mit dem Finger und weist auf den Stern, der seine Richtung geändert hat. Weit öffnet der König seine Augen, und während seine beiden Gefährten schlafen, lässt er sich von der Botschaft des Engels anrühren: „Kehrt nicht zu König Herodes zurück, wie ihr es versprochen habt. Verratet ihm nicht den Aufenthaltsort des Kindes, denn Herodes trachtet dem Kind nach dem Leben.“

Der König wird diesem Rat folgen und mit seinen Freunden einen anderen Weg zurück in die Heimat wählen. Er hat längst verstanden, dass sie Zeuge eines Wunders und einer Umkehr des Gewohnten geworden sind: Der verheißene mächtige König und Erlöser der Welt, der ersehnte „Messias“ – also: der „zum König Gesalbte“

– hat sich in einem kleinen, schwachen Kind geoffenbart. Und diese ungeheure Botschaft erscheint ihm glaubwürdiger als die Worte des Herodes Antipas, der in Wahrheit ein von Angst und Machtgier getriebener Mörder ist, umgeben von Schriftgelehrten, die alle Prophezeiungen des Alten Testamentes perfekt herauf- und herunterbeten können, doch wohl niemals auf die Idee kämen, dem Fingerzeig eines Engels, dem Leuchten eines Sterns oder dem Anruf Gottes zu folgen. Die drei Könige werden aufbrechen, dem Geheiß von oben folgend, auf einem anderen Weg, in eine veränderte Zukunft.

Lass dich berühren

vom Finger eines Engels,

öffne die Augen
dem Licht aus der Höhe,

mache dich auf,
folge dem Stern

und lasse dich führen
auf neuen Wegen.

Im Herzen bewegen

„Maria aber behielt alle diese Worte und bewegte sie in ihrem Herzen."

Aus dem Weihnachtsevangelium nach Lukas

Im Deutschen haben wir etwas „im Kopf",
wenn wir es auswendig wissen.

Im Englischen dagegen
nimmt man ein Gedicht,
ein Lied, eine Botschaft
„by heart" auf –
mit dem Herzen.

Und nur, was uns zu Herzen geht,
was das Herz bewegt
und vom Herzen bewegt worden ist,
wissen wir wirklich.

Nicht auswendig,
sondern inwendig.

Josef, der Mann, der auf Träume achtete

Bethlehem stand nicht auf seiner Landkarte
und Ägypten nicht in seinem Lebensplan.
Keine Volkszählung füllte seine Auftragsbücher
und keinem Kind von oben wollte er Vater werden,
fern von daheim,
in einem Stall unter sternklarem Himmel.

Was er ersehnte, war das kleine Glück,
zu zweit, mit der Frau, die er liebte.
Kinder? Gewiss – doch erst einmal:
das Haus richten, die Hochzeit feiern,
die Zweisamkeit üben, die Familie wachsen sehen,
langsam, über die Jahre.

Dreimal erschien ihm der Engel des Nachts:
„Nimm zu dir die Frau, die du liebst,
denn ihr Kind kommt von Gott."
„Nimm mit dir die Frau, die du liebst, und ihr Kind,
denn der König trachtet nach dessen Leben."
„Nimm beide, die Frau und das Kind,
und kehre zurück in die Heimat,
die Gefahr ist vorüber, denn der König ist tot."

Nein, Bethlehem stand nicht auf seiner Landkarte
und ein Handwerker war er,
weder Auserwählter noch Flüchtling
noch Vater eines Kindes,
dessen Geheimnis niemand je ganz verstand.

Und doch achtete er seine Träume
und die Stimme des Engels,
die ihm den Weg wies, dreimal,
und die Stimme Gottes, die ihn aufstörte des Nachts
und sein Leben wandelte,
bis nichts mehr war wie zuvor.

Nicht auszudenken,
wie unsere Welt sich verändern würde,
die kleine, die große,
wenn wir dem folgen würden,
was Gott uns ausmalt
in unseren kühnsten Träumen.

Großvaters Ohren

„Herr, nun lässt du deinen Diener in Frieden fahren, wie du gesagt hast; denn meine Augen haben deinen Heiland gesehen, welchen du bereitet hast vor allen Völkern."

Aus dem Weihnachtsevangelium nach Lukas. Der greise Simeon verkündet Jesus als Heiland der Welt. Ihm war geweissagt worden, dass er nicht sterben werde, bevor er nicht den Messias gesehen und ihn in seinen Armen gehalten habe. „Auf Anregung des Geistes", so heißt es in der Bibel, kommt er in den Tempel, als Maria und Josef dort eintreffen, um ihren Erstgeborenen Gott zu weihen.

„Großvater, warum hat du denn so große Ohren?"

„Kind, hast du zu viel von Rotkäppchen und dem Wolf gelesen? Was stellst du denn für merkwürdige Fragen?"

„Aber es stimmt doch wirklich, Opa – alle älteren Leute haben große Ohren. Und du eben auch!"

„Hmm, mag sein, ich habe das auch schon bemerkt im Spiegel. Aber wozu? Vielleicht weil unser Gehör schwächer wird und wir extra große Ohrmuscheln brauchen, um die Welt der Töne einzufangen, die für uns zu einem leisen Flüstern und Murmeln geworden ist? Sicher nicht nur deshalb! Weißt du, was ich glaube? Wir Alten hören die Zwischentöne, das, was uns niemand sagt, was man aber in den Augen lesen kann. Und wir hören die leise Stimme unseres Herzens, die Stimme Gottes, vielleicht auch die ersten Töne aus einer anderen Welt. Erst kaum zu vernehmen, dann – je mehr wir unsere Ohren aufstellen und je größer sie werden – allmählich deutlicher. So, wie die Menschen, die blind sind, aber sehr genau in die Herzen derer schauen können, die vor ihnen stehen, und vielleicht sogar in die Zukunft. Und wie diejenigen, die alles andere vergessen haben, längst wissen, was unvergessen bleibt, und worauf es ankommt..."

„Worauf denn, Opa?“

„Auf die Liebe. Auf nichts anderes.“

„Opa?“

„Ja?“

„Bist du ein Prophet?“

„Na, das nun auch wieder nicht! Und nun gib mir mal meine Wollmütze, damit ich sie mir ordentlich über meine großen Ohren ziehen kann, es ist kalt draußen.“

Gott segne Sie

Ich sah die beiden sofort, nachdem ich das schmiedeeiserne Tor des Friedhofs passiert hatte, schwer bepackt mit Schalen und zwei Vasen, die jetzt, im Winter, ihren Platz auf dem Grab geräumt hatten für die Tannenzweige. Sie beobachteten mich, der Kleine und der Große, dunkelhäutig beide, viel zu dünn gekleidet in der eisigen Kälte, einen Schlitten hinter sich herziehend. Sie schauten hinüber zu mir, mit großen braunen Augen, sehr interessiert. „Ja, da schaut nur“, dachte ich, zunehmend aufgebracht durch ihre intensiven Blicke, während ich meine Last abstellte, mit klammen Fingern die Autoschlüssel aus der Manteltasche fischte und den Kofferraum öffnete.

„Schaut genau zu und merkt euch, was eine Frau unserer hiesigen Kultur so alles auf die Reihe bekommt. Ganz allein. Ohne männliche Unterstützung, weder mit Mini-Chauvis noch mit ausgewachsenen Paschas im Hintergrund. Und hört auf, mich so anzustarren.“ Mit Wucht knallte ich den Deckel zu und wandte mich zur Fahrertür.

„Wen haben Sie denn da drin besucht?“, fragte der Große kaum hörbar, schüchtern und blickte dabei kurz zum Friedhofstor hinüber. Die unerwartete Frage warf mich völlig aus der Bahn.

„Meinen Vater, meine Schwester und meine Großeltern“, antwortete ich, erstaunt und hilflos.

„Das ist gut“, ließ sich jetzt der Kleine vernehmen. „Unsere Mutter liegt nämlich auch da.“ Ich stand wie angewurzelt, unfähig mich zu bewegen.

„Gott segne Sie.“ Das war wiederum der große Bruder, der keinen Blick von mir wandte. „Und gute Fahrt…“.

Engel wie Du und Ich

Manche Engel
haben faltige Gesichter und schwielige Hände,
aber sie kennen den Weg und seine Gefahren,
sie nehmen uns fest an der Hand
und führen uns
mit der ganzen Erfahrung ihrer Jahre,
wenn wir uns verirrt haben.

Manche Engel
tapsen neugierig auf kleinen Beinen ins Leben,
haben keine Ahnung, wohin der Weg führt,
aber sie nehmen uns
mit strahlendem Lächeln
und voll grenzenlosem Vertrauen
fest an der Hand
und hoffen, dass wir sie führen.

Manche Engel
wissen nicht einmal, dass sie von Gott kommen,
nur, dass sie füreinander bestimmt sind
und einander nicht loslassen dürfen,
wenn die Welt Bestand haben soll.

Manche Engel
sind wie Du und Ich.

Weihnachten: So nahe ist Gott

Wie kommt Gott in die Welt? Schaut er auf uns herab im Glanz von Mond und Sternen, beginnt er unseren Tag im Sonnenaufgang und den Kreislauf der Jahreszeiten im Frühling? Blickt er uns an in den Augen eines Kindes, reicht er uns die Hand eines Freundes, begleitet er uns wie eine Mutter und ein Vater, begegnet er uns im Tod? Lässt er sich verkünden in einem Wort, austeilen in Brot und Wein, erleben in einer engen Gemeinschaft? Ist er es, der das Leid zulässt oder gar zufügt – und ist er es, der die Menschen anregt, sich vom Joch der Unterdrückung zu befreien, friedlich, einen Eisernen Vorhang zu heben und eine Mauer zum Einsturz zu bringen?

Wie kommt Gott in die Welt – und wie kommt die Welt, wie kommen wir Menschen zu Gott?

Diese Frage treibt die Theo-Logen, die Gottes-Forscher und -Lehrerinnen aller Religionen der Welt um, beschäftigt die Philosophen und nicht zuletzt die Physiker, regt viele Musikerinnen, Maler und Poeten an, ebenso wie jeden einzelnen Menschen, der sich ernsthaft fragt:

Gibt es eine höchste Macht, eine tiefste Energie, eine erste, ursprüngliche Bewegung und ein letztes, endgültiges Ziel im Universum? Und wenn ja – hat er/sie/es etwas mit uns zu tun? Und wenn ja: Was und wie viel, wie nah, wie intensiv, wie einflussreich?

So viel, wie ein Vater, eine Mutter mit ihren geliebten Kindern zu tun haben? So viel, dass dieses höchste Wesen uns Tag und Nacht bewacht und nichts an uns oder durch uns ohne seinen Willen geschieht? So viel, dass es uns die Welt vollkommen anvertraut und unserem freien Willen ausgeliefert hat? Dass es an uns allein liegt, diesen Planeten und somit uns selbst zu zerstören oder ein zweites Paradies zu erschaffen?

Und sieht er/sie/es uns bei unseren Bemühungen zu – den einen, wie sie versuchen, die Erde zu erhalten, Frieden zu schaffen, Versöhnung zu ermöglichen, den anderen, wie sie dabei sind, alles zu zerstören? Vielleicht oft händeringend und verzweifelt und doch auf seine Allmacht verzichtend, um uns, seinen Kindern, die Freiheit und die Selbstverantwortung nicht zu nehmen? Ist Gott der große legendäre Welt-Uhrmacher, den der englische Theologe William Paley (1743–1805) vor gut zweihundert Jahren beschrieb: Der Meister, der die Schöpfung planvoll, sorgsam und in großer Weisheit zusammengefügt und durch einen ersten Impuls gleichsam in Gang gesetzt hat – dann aber den Dingen, auch der Evolution, ihren Lauf lässt, ohne noch jemals einzugreifen …

Jesus hat Gott seinen Vater genannt. Er hat sogar das aramäische Kosewort „Abba“ verwendet, das unserem kindlichen „Papa“ entsprechen soll, und uns gelehrt, ein Gleiches zu tun. Er hat von Gott als einem Gerechten, vor allem aber Barmherzigen und Verzeihenden gesprochen, der jede verlorene Tochter, jeden verlorenen Sohn in seine Arme nimmt – wenn das Kind nur den ersten Schritt wagt.

Christen glauben zudem, dass Jesus von Nazareth wesensgleich mit Gott, seinem Vater, ist, und dass mit ihm Gott selbst in die Welt gekommen ist. „Er kam in sein Eigentum, aber die Seinen nahmen ihn nicht auf“, schreibt der Evangelist Johannes in seinem hymnenartigen Prolog zur Lebensgeschichte Jesu. „Allen aber, die ihn aufnahmen, gab er Macht, Kinder Gottes zu werden …". Wie in einem Lied mit vielen kreisförmig angelegten und doch immer weiter vorwärts strebenden Strophen wird hier die Geschichte Gottes mit den Menschen berichtet und ins Unendliche fortgeführt.

Wie also kommt Gott in die Welt? Durch das Kind Jesus, so sagen es die Weihnachtsevangelien. Und zwar mindestens drei – nicht nur die altvertraute Erzählung von Christi Geburt, wie sie uns der Evangelist Lukas überliefert: „Und es begab sich aber zu der Zeit, dass ein Gebot ausging vom Kaiser Augustus, dass alle Welt sich schätzen ließe …"

Lukas versammelt alle Welt um die Krippe, er lässt die Erzengel schon lange vor Christi Geburt auftreten und Maria das Ereignis ankündigen, er berichtet von Marias Tante Elisabeth, die im hohen Alter selbst noch ein Kind erwartet – Johannes den Täufer – er reißt den Himmel über Bethlehem auf und macht die Glorie Gottes den Hirten sichtbar, er sendet den greisen Simeon und die Prophetin Hanna in den Tempel, um das neugeborene Kind zu sehen und seine Zukunft zu weissagen. Gott kommt in Gestalt eines Kindes, mitten unter die Menschen, er trifft jeden in einer anderen Situation an – und lässt keinen unbewegt, verändert alles, von einer Sekunde auf die andere. Nicht nur der Glanz des Himmels erhellt die Erde, nicht nur die Engel steigen auf und nieder und schaffen eine Verbindung – mit dem Kommen Jesu beginnt bei Lukas ein neues Zeitalter.

Ganz ähnlich, wenn auch viel weniger konkret, sieht es der bereits erwähnte Evangelist Johannes, der seine Sicht der Dinge Jahrzehnte später, nach langem Nachdenken und Reflektieren, nach geduldigem Warten auf die Wiederkehr des Herrn, nach vielen Gesprächen mit Philosophen der griechischen Kultur niederschreibt.

„Im Anfang war das Wort …", so beginnt er seinen Prolog und benutzt dabei bewusst die ersten Worte der Genesis: „Im Anfang schuf Gott Himmel und Erde …" Und so, wie das Wort Gottes damals die Welt entstehen ließ, so entsteht durch Jesus, das lebendige Wort Gottes, eine neue Welt. Jesus nennt sie „Reich Gottes" und verkündet dessen Nähe und dessen Anbruch.

Gott kommt in die Welt als Wort – noch heute? Vielleicht auch durch meinen Mund? Welches Gewicht hätte dann ein Wort der Liebe, der Versöhnung, des Friedens, der Ermutigung, der Befreiung? Und was würde ein Wort des Hasses, der Verneinung und Zurückweisung vernichten?

Der Evangelist Matthäus wird wiederum konkreter. Auch er berichtet uns von Maria und Josef, wenn auch auf andere Weise als Lukas. Er schenkt uns die Geschichte von den Sterndeutern, den „magoi" – ohne allerdings zu verraten, wie viele es waren. Er lässt die Heilige Familie nach Ägypten fliehen und berichtet dafür nichts von Engeln und Hirten auf dem Felde. Doch an den Beginn seiner Erzählung stellt er keine spannende Hinführung wie Lukas und keinen tiefgründigen Prolog wie Johannes, sondern einen Stammbaum. Ein Vorfahrenregister, eine Ahnenreihe, eine Familie, in die Jesus hineingeboren wird – mag auch sein Vater der Ewige sein. Matthäus beginnt mit den Patriarchen des alten Israel, Abraham, Isaak und Jakob. Es folgt Isai, der Vater König Davids, auch Jesse genannt, der uns in dem Lied „Es ist ein Ros' entsprungen" begegnet: „Von Jesse kam die Art…".

Nach David erscheint König Salomon, der Weise, dann seine Nachfolger, insgesamt dreimal vierzehn Generationen listet Lukas auf, bis hin zu „Josef, dem Mann Marias; von ihr wurde Jesus geboren, der der Christus, der Messias genannt wird."

Auch Lukas verfolgt die Ahnenreihe Jesu – mit einigen anderen Namen, in anderer Abfolge, beginnend mit dem Satz: „Man hielt ihn (Jesus) für den Sohn Josefs" und aufsteigend bis zu Adam, dem ersten Menschen: „Der aber stammte von Gott."

Es finden sich ganz überwiegend Männer in diesen symbolisch und aus den Prophezeiungen des Alten Testaments heraus zu verstehenden Aufzählungen – denn unter anderem geht es darum, Jesus als den verheißenen „Sohn Davids", den Nachfahren eines Idealkönigs und den Errichter eines neuen Königreiches zu proklamieren. Stünde ausdrücklich sein Hineingeboren-Werden in das Judentum im Vordergrund, so müssten übrigens ebenso viele Frauen und Urmütter Jesu erwähnt werden. Denn bis heute entscheidet sich die Zugehörigkeit zum Judentum nicht nach dem Glauben des Vaters, sondern nach dem der Mutter.

Doch es lohnt sich durchaus ein weiterer Blick auf Jesu Stammbaum. Nicht nur David, der als einfacher Hirte Geborene, der Dichter und Sänger, Tänzer und Krieger, war keinesfalls der Idealkönig, zu dem ihn die Überlieferung stilisierte: Er litt oft an Gotteszweifeln, er erlag vielen Versuchungen, er schickte Urija, einen seiner tapferen Soldaten, an die vorderste Front und damit in den Tod, um dessen schöne Frau Batseba lieben zu können. Abtrünnige und Bekehrte, Ratsuchende und Ratgebende, Gefangene und Befreite finden sich unter Jesu Ahnen.

Eine ganz normale Familie also, mit Starken und Schwachen, mit Heldinnen und „schwarzen Schafen".

Markus soll nicht vergessen werden, der wohl als Erster seine Version der Lebensgeschichte Jesu aufschrieb. Ein Weihnachtsevangelium suchen wir bei ihm vergebens, doch die Frage, wie Gott in die Welt kommt, beantwortet auch er: durch seinen Sohn, zu dem sich der Vater vor allem Volk bekennt. Markus lässt seine Erzählung mit der Taufe Jesu im Jordan beginnen. „Und als er aus dem Wasser stieg, sah er, dass der Himmel sich öffnete und der Geist wie eine Taube auf ihn hinabkam. Und eine Stimme aus dem Himmel sprach: Du bist mein geliebter Sohn, an dir habe ich Gefallen gefunden."

Durch den Sohn also kommt Gott zu uns, aber wiederum auch durch Wort und Stimme und durch die geheimnisvolle Taube, Symbol für den Geist Gottes. Als ob Gott, der die Liebe ist, in sich bereits eine Gemeinschaft wäre, eine Familie zwischen Himmel und Erde, verbunden durch Leben und Geist, Beziehung und Gespräch, Bewegung, Auftrag, Kraft und Dynamik.

Für alle Familien

Josef, Maria und ihr kleiner Junge, Jesus.
Schon morgen werden diese drei
nach Ägypten fliehen
vor den Schergen des Herodes.
„Warum habt ihr mich gesucht?",
wird der Zwölfjährige im Tempel
seine erschöpften Eltern fragen.
„Frau, was habe ich mit dir zu schaffen?"
einst seine Mutter.
Und „Wer ist mir Bruder und Schwester?"
seine Geschwister.

Wie mag Josef daran gewachsen sein,
nicht der leibliche Vater dieses Kindes zu sein
und ihm trotzdem zur Seite zu stehen?
Wie Maria an der Aufgabe,
ihren Sohn von der Krippe zum Kreuz zu begleiten –
und nicht zum Königsthron?
Und wie wenig wissen wir darüber,
was es für dieses Kind bedeutet haben mag,
Mensch zu werden,
aufzuwachsen
als Sohn des Zimmermanns,
hinauszuwachsen über die Grenzen von Nazareth
und von Golgatha …

Eine große Familie ist es, deren Fest wir feiern.
Nicht, weil ihr Miteinander so einfach gewesen wäre,
sondern weil sie mehr zu tragen hatte als wir,
in der Spannung zwischen Himmel und Erde,
unter dem Segen
und unter der Herausforderung Gottes.
Eine Familie,
unter deren Schutz alle Familien aller Zeiten
gut aufgehoben sind.

Alle sind willkommen bei diesem Fest:
Die alleinerziehende Mutter
und die alte Frau, die so viele Jahre
vergeblich auf ein Kind gehofft hat.
Der Großvater, der nicht weiß,
wem er sein gelobtes Stück Land vererben soll,
der verlorene Sohn
und das schwarze Schaf,
das völlig aus der Art geschlagen ist.

Das Fest der Familie ist ein Fest für alle,
die mitfeiern möchten,
für alle unsere heilen und halben,
zerbrochenen und neu zusammengesetzten,
manchmal sehr kleinen
und manchmal über sich hinauswachsenden
Familien.

Geschichten mit Gott

Wenn ich ein Buch in die Hand nehme, schaue ich immer zuerst auf die Rückseite: Wie sieht die Autorin, der Autor aus? Überzeugt mich das Gesicht, die Ausstrahlung? Passt sie zu dem, was der Titel verheißt?

Auf der Rückseite der Bibel könnte ich über vierzig Autoren entdecken, wenn sie denn abgebildet wären: Hirten und Könige, Fischer und Zollbeamte, Propheten, Schriftgelehrte und einen Arzt. Das Gesicht einer Frau würde ich – zumindest unserem heutigen Wissensstand entsprechend – vergeblich suchen. Allerdings spielen Frauen des Öfteren die Hauptrolle in den mehr als sechzig Büchern, die sich hinter dem Einband der Bibel verbergen: Eva und Sarah, Judith, Esther und Ruth, Elisabeth, Maria, Maria aus Magdala …

So viele Gesichter, so viele Geschichten, Lieder, Gebete, Gedichte, Briefe, Paragraphen, Predigten und Visionen! Jede Seite der Bibel erzählt Gottes Geschichte mit einem Menschen, mit einem Volk. Immer wieder anders, so verschieden, wie Menschen sind, wie sie durchs Leben gehen und wie sie Gott erfahren.

Immer wieder gleich, denn die Botschaft bleibt dieselbe: Gott ist ein „Gott mit uns", mit jeder und jedem von uns, er schreibt Geschichte und Geschichten quer durch alle Völker und Zeiten.

Das haben wir schriftlich, seit es die Bibel gibt. Und das schreiben wir weiter, jeden Tag – in unser eigenes, unsichtbares „Lebensbuch", das unser Porträt zeigen müsste und den vielen Büchern ein neues hinzufügen würde: Unsere ganz persönliche Geschichte mit Gott.

Deren Leib dich getragen

„Und es begab sich, da er solches redete, erhob ein Weib im Volk die Stimme und sprach zu ihm: Selig ist der Leib, der dich getragen hat, und die Brüste, die du gesogen hast."
Aus dem Evangelium nach Lukas

Er hätte es nicht sagen können,
das große Wort:
„Das ist mein Leib. Nehmet und esset…",
wenn sie
ihn nicht zuvor
getragen,
geboren,
genährt hätte.

Wer weiß,
wie viel von der Hingabe,
die er lebte,
aus der Hingabe erwuchs,
die er am eigenen Leib erfahren hatte.

Wie die Kinder

Das Baby hat das ganze Zugabteil verzaubert.
Ein einziges Lächeln genügte,
um ein paar steife Passagiere in eine lockere Gruppe
ebenfalls lächelnder, winkender,
plaudernder Menschen zu verwandeln.
Der kleine Junge strahlt,
das Mädchen breitet seine Arme aus,
das Krabbelkind erwidert meinen Blick
so lange und so intensiv,
wie es kein Erwachsener wagen würde,
es sei denn, er oder sie wäre verliebt.

Liebe zum Leben,
grenzenlose Offenheit und Erwartung
liegen in den langen Blicken der Kinder.
Und ein noch ungebrochenes Vertrauen,
dass wir, die Erwachsenen,
diese Gabe mit gleicher Münze zurückzahlen werden:
mit einem Lachen, einer Umarmung,
einem liebevollen Wort.

Doch für uns ist es schon lange her,
dass wir so in die Welt geschaut haben.
Es zahlt sich ja nicht immer aus.
Es schallt so oft anders aus dem Wald heraus,
als wir hineinrufen.
Also dosieren wir das Strahlen der Augen,
legen die Stirn in Sorgenfalten,
ziehen die Mundwinkel vorsichtshalber
ein wenig tiefer.

„Nehmt einander an,
wie Christus euch angenommen hat“,
schreibt Paulus an die Römer.
„Wagt es wieder!
Vergesst die Schubladen,
in die ihr euch gegenseitig einsperrt,
die Verletzungen, die ihr euch zugefügt habt.
Erwartet wieder alles voneinander, wie die Kinder,
zeigt es euch in Blicken und Gesten.
Und alles wird sich verändern.“

Mit welchem Recht wagt es der Apostel,
unsere schlechten Erfahrungen
und unser wohl begründetes Misstrauen zu übergehen?
„Nehmt an, weil ihr Angenommene seid.“
Das ist seine ganze Antwort.
Gott hat uns zuerst geliebt.

Ob er sich spiegelt in den Augen eines Kindes?
Ob er uns anschaut –
ganz offen, neugierig und so,
als ob er nur das Beste von uns erwartet?

So nahe ist Gott

Vor der Madonna von Atitlán/Guatemala

Sie haben dich und dein Kind
geschmückt, Miriam,
mit ihrer eigenen Tracht,
die Menschen
von Santiago Atitlán am See
im Hochland von Guatemala.

Man hatte sie gezwungen,
diese Kirche zu erbauen
und sie dem neuen Glauben zu weihen.
Man ließ sie einen Altar errichten
und brachte deine Statue herüber von Spanien,
kalt der Stein, fremd die Gesichtszüge,
so fremd wie die Eindringlinge,
so fremd wie ihr Gott,
den sie mit Flamme und Schwert verkündigten.

Doch deine Geschichte, Miriam aus Nazareth,
traf sie ins Innerste, die Menschen von Atitlán,
die Nachfahren der stolzen Maya.
Denn die Suche einer Familie nach Schutz,
die Geburt eines Kindes in Trümmern,
das Aufblühen einer Hoffnung über Gräbern,
das Wunder – Gott wird Mensch –,
all das hätte auch
mitten unter ihnen stattfinden können,
mitten unter den Armen und Entrechteten,
bei denen ohne Heimat, Sprache und Würde.

Sie verstanden.
Sie haben den kalten Stein zum Leben erweckt.
Sie schmückten dich,
Mädchen aus Nazareth,
mit der Tracht ihrer Frauen,
und kleideten deinen Sohn
wie eines ihrer eigenen Kinder.
Sie holten dich in ihr Dorf,
als seist du eine der ihren.
Dein Kind in ihre Mitte,
eure Geschichte in ihr Herz.

So nahe ist Gott.
Er wird Kind mitten unter uns,
wenn wir ihn nur zur Welt kommen lassen.

Im Gewand unserer Zeit.
In unseren Häusern.
In unseren Herzen.

„Miriam" ist der Name Mariens in seiner ursprünglichen hebräisch-aramäischen Form. Über das Griechische „Mariam" wurde daraus das Lateinische „Maria". Der Name Josefs lautet auf Hebräisch „Yosep", der Name Jesu „Jeschajahu" oder kurz „Jeschua".

Haus des Brotes

Geboren in Bethlehem:
Ein Mensch wie Brot.
So schlicht, so alltäglich
und einer von uns.

Ein Mensch wie Brot weiß,
was man zum Leben braucht,
wie viel – und wie wenig.

Ein Mensch wie Brot weiß, was zählt.
Nahrung für heute und morgen,
ein Schluck Wasser und Wein.
Und ein Freund,
mit ihm das Brot zu brechen, zu reden,
und Gastfreundschaft, das Leben zu feiern.

Ein Mensch wie Brot
gibt sich hin an andere,
ohne Sorgen um sich selbst,
wie ein Laib Brot,
mit Leib und Seele für seine Freunde.
Er teilt seine Lebenszeit,
sein Lachen und seine Träume mit anderen,
sein Fingerspitzengefühl und sein offenes Ohr,
den Hunger nach Leben und Liebe,
den Weg unter den Füßen.
Seine Ideen und Träume, seine Erinnerungen.

Ein Mensch wie Brot
lädt alle an seinen Tisch
und stiftet Gemeinschaft,
hört zu und heilt.
Er überwindet die Angst.
Die Angst,
zerbrochen und aufgezehrt zu werden vom Leben,
die Furcht, sich zu verlieren, wenn er sich hingibt.

Ein Mensch wie Brot spürt die Kraft
und den Schutz des Lebens in sich –
er vertraut ihr
und nährt andere mit seiner Zuversicht.

Geboren in Bethlehem:
Alles, was uns fehlte –
alles, was wir brauchten,
um sie zu bestehen, unsere Lebensreise:
Ein Mensch wie Brot.

Der hebräische Ortsname „Beth Lechem", Bethlehem, wird vielfach mit „Haus des Brotes" übersetzt.

Anna selbdritt

In der Bibel finde ich dich nicht,
Mutter der Mutter Jesu.
Doch hier thronst du,
in der Kirche, die deinen Namen trägt,
Sankt Anna.

Du hältst sie beide auf deinem Schoß:
Deine Tochter Maria
und deinen Enkel Jesus,
den sie in ihren Armen wiegt.

Viel zu kraftvoll bist du, Urahnin,
um nur eine Legende zu sein.
Von der Stammmutter Eva erzählst du
und von all den Vorfahrinnen,
die uns getragen haben in ihrem Schoß
und unter ihrem Herzen,
voll guter Hoffnung,
und zur Welt gebracht haben
und die Welt zu uns.

Von einer Linie erzählst du,
die aus der Ewigkeit kommt
und in die Ewigkeit weist,
von der uns nur dieser eine Moment gehört,
den wir „Leben“ nennen.

Die Bezeichnung „Anna selbdritt“ meint so viel wie „Anna zu dritt“ und beschreibt ein in der Kunst des Spätmittelalters, unter anderem bei Leonardo da Vinci, aufkommendes Motiv, das Anna als Großmutter Jesu zeigt – ihre Tochter Maria auf dem Schoß, beide auf das neugeborene oder bereits spielende Kind blickend.

„So wahr mir Gott helfe“

Es gibt immer mehr Politiker, die diesen Satz nicht in den Mund nehmen bei ihrer Vereidigung. Selbst ist der Mensch. Wer braucht Gottes Nähe und Hilfe? Es ist leichter, auf das Greifbare zu bauen: Technik, freie Marktwirtschaft, politische Strategien. Warum überkommt uns dann trotzdem so oft das Gefühl der Verlorenheit? Der Gedanke, dass alle Reformen zu kurz greifen, weil ihnen der lange Atem fehlt, die Liebe, die Anteilnahme, die Weisheit – und vielleicht auch der Segen?

Früher war es anders. Da zog Gott als Wolke bei Tag vor den Menschen her und als Feuersäule bei Nacht, um sie zu führen. Da redete er mit seinem Volk – wie ein Richter, ein Weiser, ein König. Also konnte man umgekehrt auch leicht mit ihm sprechen: loben, klagen, murren, danken, singen. Jesus sprach von Gott als seinem Vater, einem großen Liebenden, der jederzeit für uns zu sprechen ist: „Klopfet an und es wird euch aufgetan.“

Und heute? Können wir uns das vorstellen: Einen Bundestag, der innehält und Gott um gute, umsetzbare Ideen im Dienst des Volkes bittet? Angestellte im Sozialamt, im Jobcenter, im Amtsgericht und im Einzelhandel, die morgens um Kraft und Güte für den Tag bitten? Vielleicht gibt es sie – auch heute. Menschen, die so sprechen und denken. Die Gott zu jeder Zeit vertrauen und ihm ihr Herz ausschütten. Und die Antwort bekommen von dem, der da ist. Nicht als Feuersäule und Wolke, nicht mehr als Kind mitten unter uns und nicht als pfingstliches Brausen. Aber doch spürbar.

„So wahr mit Gott helfe…“ Wir sollten auf diesen Satz nicht verzichten.

Der Strohhalm

Natürlich konnten sie nicht alle gleich in jener Nacht zum Stall kommen, um das göttliche Kind zu sehen: Die Herbergsmutter, die doch noch ein Plätzchen für die kleine Familie zurechtgemacht hatte, fand ja kaum Zeit zum Atemholen vor lauter Rennerei um die vielen Gäste. Und ihre Kinder schliefen. Viele schliefen in Bethlehem und wer die stille Nacht zum Tag machte – auch das waren viele, denn die Wiedersehensfreude war groß – der hatte doch kein Ohr für die Engel am Himmel, die Botschaft der Hirten und der Könige, kein Auge für den Stern.

Aber in den nächsten Tagen, ja, da kamen sie dann alle, Große und Kleine, Alte und Junge, brachten Decken und Essen, eine Liegestatt für Maria, Futter für Ochs und Esel, Laternen und wohlriechende Öle für Mutter und Kind. Die Einheimischen und die vielen Gäste, der Bäcker und der Schuhmacher, der Metzger und die Gewandschneiderin, der Schriftgelehrte und die wunderliche Alte, das kranke Mädchen mit seinem kleinen Bruder, der Karawanserei-Besitzer und der Zöllner, die Kinder der Herbergsmutter und der kleine Hütejunge, der das Wunder verschlafen hatte draußen auf dem Feld. Und nachdem die Geschenke abgegeben, das Kind bewundert worden war und man sich an seinem Lächeln sattgesehen hatte, stahl sich doch die eine oder andere Hand ganz sacht in das Stroh der Krippe, zupfte hier ein Hälmchen und da einen Halm heraus, als Andenken, zum Erinnern und Herum-Zeigen für zu Hause, wo immer das sein mochte, nah oder fern. Golden schimmerten die Strohhalme, wie ein Abglanz des Lichtes, welches das Kind umgab.

Voller Wärme und Strahlkraft schienen sie – und außerdem nahm ihre Zahl nicht ab, so viele Besucher auch kamen, so viele Menschen auch zugriffen und ihren Halm stolz und vorsichtig in der hohlen Hand bargen, unter dem Umhang und dem Mantel, ihn vor dem scharfen Nachtwind zu schützen.

Es waren genug Strohhalme für alle da, genug Licht und Wärme, auch als das Kind und seine Eltern längst geflohen waren, fort nach Ägypten, und der kleine Stall leer stand. Ja, es schien sogar, als ob sich die Zahl der Halme vermehrte, je mehr Menschen ihrer bedurften, gerade jetzt, in jenen harten Tagen nach der Geburt des Kindes, als Gewalt, Leid und Tod Bethlehem heimsuchten. Und so bildeten sich erneut lange Schlangen von Besuchern, die ohne Hast nacheinander die Schwelle überschritten, sich scheu in dem einfachen Verschlag umsahen und erst ihren Blick, dann ihre Hände von dem Glanz in der Krippe anziehen ließen.

Die Kunde verbreitete sich, dass jeder, der einen Strohhalm aus Bethlehem in sein Heim trug, ein unauslöschliches Feuer nach Hause brachte, eine sanfte Flamme, an der man sich wärmen konnte, ganz von innen heraus, die das Essen bereitete, den Tee und wohltuendes Wasser für die Reinigung. Ein Licht, dass jede Kälte und jede Angst vertrieb, jede Dunkelheit erhellte, um das man sich abends scharte, erzählte, lachte, tanzte und einander ganz nah kam, jeden Tag.

So dauerte es lange, bis der Strom der Besucher versiegte. Da aber gab es wohl kaum ein Haus mehr in Bethlehem und im weiten Umkreis, in dem nicht ein Strohhalm aus der Krippe sein Licht verbreitet hätte, stolz gehütet von seinen Besitzern – obwohl es doch gar nichts zu hüten und zu fürchten gab! Es war ja genug Licht und Wärme für alle da, genug für alle Zeit.

Und als die große, heilige Nacht sich jährte, da nahmen die Menschen sich vor, diesen Tag zu feiern. Hatte doch die Gabe des Kindes sie alle erlöst von Kälte, Dunkelheit und Angst. Hatten sie doch das Gefühl, dass sogar der Tod an Macht verloren hätte, einzig durch das Geschenk eines kleinen Kindes, einzig durch das Licht eines winzigen Strohhalms.

Also schrubbte und reinigte man das ganze Haus und die Straße davor, breitet neue Teppiche, Tücher und Decken aus, warf sich in die guten, frisch gewaschenen Festtagsgewänder – natürlich nicht, ohne sich vorher selbst von Kopf bis Fuß gründlich zu reinigen – steckte den kostbaren Halm in einen schönen Stein, in eine Muschel oder ein edles Gefäß und stellte ihn in die Mitte des Wohnraums, kochte zur Feier des Tages mit viel Arbeit und Mühe ein gutes Essen vom Besten, was Küche und Keller hergaben, rief Freunde und Verwandte zusammen und sann darüber nach, was man ihnen schenken könnte, wo man doch selbst so reich beschenkt worden war in diesem Jahr. Am Abend kam man zusammen im Lichtkreis, sang alte Lieder und neue Freuden- und Lobgesänge, dankte Gott und dem kleinen Kind, das vor einem Jahr geboren worden war, sprach den Speisen und dem Wein zu, freute sich über die Geschenke und genoss die Fülle an Wärme und Licht, die sich über alle Gesichter ergoss.

Doch da waren die draußen, die keinen Strohhalm besaßen, kein Licht und keine Wärme. Die in der Nacht herumirrten, der Dunkelheit ausgeliefert, der Angst und dem Tod. Kleine und Große, Kinder und Alte, unschuldig in Not Geratene, Verlorene und Verwirrte, Kranke an Leib, Geist und Seele. Als sie das Licht sahen in den Häusern, klopften sie an die Tür und baten um Einlass, voller Not und Sehnsucht.

Und wo man ihnen Gastfreundschaft gewährte, sie in den Kreis der Familie aufnahm, mit Essen und Kleidung versorgte und an der Freude dieses ersten Jahrstages teilnehmen ließ, da schien der Strohhalm noch heller und leuchtender zu strahlen als je zuvor, als sei das Kind zurückgekehrt, um ein Wunder zu erneuern und ein Versprechen, als seien sie alle eben in dieser Nacht noch einmal erlöst worden von Kälte, Dunkelheit und Angst, alle.

Wo man aber denen, die im Dunkeln standen und um Einlass baten, die Tür wies, da erlosch in jener Nacht der kostbare Strohhalm für immer.

Mit unseren Ohren, Armen und Herzen

„Jetzt bitte nicht!" „Keine Zeit, ein andermal…" „Siehst du nicht, dass ich beschäftigt bin?"

Wie oft weise ich ab: das kleine Kind, dessen vorsichtige Frage meinen straffen Terminplan sprengt. Die alte Dame, die anscheinend nicht verstehen will, wie schnell die Uhren heutzutage ticken. Die umständliche Kollegin, die schüchterne Freundin…

Abgewürgt, weggeklickt, vom automatischen Anrufbeantworter gelöscht.

Und wie oft werde ich selbst abgewiesen. Wenn mir alles über den Kopf wächst. Wenn ich mich endlich einmal schwach zeigen und anlehnen möchte. Wenn ich um Verzeihung bitten will.

Und dann diese Behauptung: Gott hört uns. Gott hat ein offenes Ohr für uns und ist immer zu sprechen. Durchgängig. Tag und Nacht. Ohne Sprechzeiten und Gebührenanzeiger, Vorbehalte und voreilige Patentrezepte.

Kann ich es glauben? Von jemandem, den ich nur mit dem Herzen wahrnehme, nicht sehe, nicht höre? Wo kann ich spüren, dass ich wirklich gehört und angenommen werde? Vielleicht am ehesten dort, wo ich im Alltag nicht auf taube Ohren stoße. Wo ich einfach ankommen und reden darf. Wo ich selbst mein Ohr leihe – ohne Zeitnot, großzügig und aufmerksam.

Gott braucht uns Menschen sicher nicht notwendig, um seine Nähe zu beweisen. Doch vielleicht sind unsere Ohren, Arme und Herzen der kürzeste und der schönste Weg für Gott, in unsere Welt zu kommen und unter uns erfahrbar zu werden.

Tiere an der Krippe

Das Gebet des Ochsen

Herr, Du weißt, dass man meinen Namen
als Schimpfwort benutzt,
ebenso wie den des Esels, der Schafe und der Kamele,
die Du um Dich versammelt hast, hier in diesem Stall.
Und niemand unter all den Neunmalklugen bemerkt,
dass Du, der allmächtige Gott,
der sich in einem neugeborenen Kind verbirgt,
es anscheinend liebst,
Dich mit den Einfachen zu umgeben,
mit denen, die man für dumm und langsam hält,
auch wenn sie ihren Atem geben und ihre Treue,
ihre Sanftmut und die Fähigkeit,
andere durch eine Wüste zu tragen,
ja ihren gebeugten Rücken,
ihr Haarkleid, um andere zu wärmen
und selbst ihre Milch, ihr Fleisch und ihr Leben.
Wie gut,
dass Du gerade mitten unter uns zur Welt kommst,
dass Du auf unserer Seite bist.
Wie gut, dass Du einmal sagen wirst:
„Ich preise dich, Vater,
Herr des Himmels und der Erde,
dass du dies vor Weisen und Klugen verborgen,
den Kleinen aber geoffenbart hast!“
Ich frage mich nur:
Wer von den Neunmalklugen wird Dich verstehen?

Das Gebet des Krebses

„Unmöglich!“, haben sie zu mir gesagt.
„Nie kann ein Wasserwesen nach Bethlehem finden!
Zu weit, zu trocken – und dann dein GANG!
Wie willst Du Dich denn dem König der Könige nähern?
Vielleicht von der Seite her?“
Herr, da bin ich!
Den ganzen Weg bis zu Dir habe ich zurückgelegt,
seitlich, denn anders kann ich ja nicht,
aber ich spüre, wie gleichgültig Dir das ist.
Du freust Dich über mich.
Du siehst mich an und sagst mir,
dass Du stolz auf mich bist,
dass kein Fisch und kein Seestern
diese Strapazen hätte ertragen können,
und dass Du gerade auf MICH gewartet hast.
Herr, Du weißt, wie zart und schüchtern ich bin
unter meinem harten Panzer.
Aber gerade jetzt könnte ich
all meine schützenden Schalen von mir werfen
und vor Dir tanzen.

Das Gebet des Löwen

Herr, lass die Mächtigen der Welt erkennen,
vor wem sie die Knie beugen müssen.
Ich weiß es auch erst,
seit ich hier an Deiner Krippe stehe.

Das Gebet der Eule

Eigentlich sollte dies die große Stunde des Adlers sein.
Du weißt schon, Herr, der König der Lüfte,
so stolz auf seine scharfen Augen.
Er hat sie Tag um Tag weit aufgerissen,
um Dich als Erster zu erspähen, wenn Du kommst.
Doch nachts schläft er, der Große und Mächtige.
Ich aber war wachsam,
aufmerksam und voller Hoffnung
auch bei Nacht.
Denn ich wusste, dass Du, großer König,
leise kommst, in der Stille,
wenn aller Glanz erloschen
und aller Lärm verklungen ist.
Man nennt mich weise.
Vielleicht ist es weise,
Dich, das Licht der Welt,
im Dunkeln zu suchen und in der Stille,
wo keiner mit Dir rechnet
und keiner Dich erwartet.

Das Gebet der Schnecke

Man muss schon SEHR SEHR weit
in die Zukunft sehen können, Herr,
ein halbes Jahr im voraus mindestens,
wenn man so langsam ist wie ich.
Man muss eine wahre Prophetin sein,
um rechtzeitig aufzubrechen
und rechtzeitig an Ort und Stelle zu sein,
wenn das große Ereignis eintritt.
Du allein weißt,
wie rasch meine Gedanken sind,
wie weit sie vorauseilen,
viel schneller als mein Körper,
Du allein weißt,
dass in Wirklichkeit ich die Erste war,
die Deinen Stern sah und Dein Kommen ahnte,
dass ich mich auf den Weg machte,
lange bevor die anderen alle auch nur spürten,
dass etwas Großes bevorstand.
Du allein siehst meine Klugheit,
meine Schönheit, meinen Mut
und meinen Stolz.
Du erhebst mich aus dem Staub.

Das Gebet der Schlange

Herr, sie wollten mich
am Eingang gar nicht hereinlassen,
mich, das Böse in Person, sagten sie,
die Verführerin aus dem Paradies,
die doppelzüngige, aalglatte, giftsprühende,
Abbild Satans,
dem Deine Mutter den Kopf zertreten wird,
so steht es geschrieben.
Siehst Du mich so, Herr?
Oder weißt Du auch, dass ich
die Heilende bin,
die den Äskulapstab ziert,
das Symbol ewigen Lebens,
die sich häutet, statt zu sterben,
die Spirale als Zeichen für Ursprung und Ausgang?
Alles hat zwei Seiten, Herr.
Du weißt es.
Du urteilst nicht vorschnell,
Du gibst jedem die Chance,
aus der Schublade zu kriechen,
in die andere ihn gesteckt haben,
und ganz anders zu sein.

Glaubst Du, wir sind uns ähnlich?

Oh Gott, das war ein Wort zu viel –
sie zerren mich schon wieder zum Ausgang.
Wann sehen wir uns wieder?

Die Legende von den drei Bäumen

Es wuchsen einmal drei Bäume im Lande Israel nebeneinander in Eintracht. Wenn es das Wetter zuließ und Wind oder Hitze ihnen nicht gar zu sehr zusetzten, pflegte jeder der drei Bäume seinen Träumen nachzuhängen. „Wenn ich erst einmal gefällt bin", sagte er erste, „dann will ich eine mächtige, eisenbeschlagene Truhe werden, und ich will den größten Schatz der Welt in mir tragen." „Und ich", trumpfte der zweite auf, „ich werde ein festes Schiff, das den wildesten Sturm unbeschadet übersteht und seine Passagiere sicher nach Hause bringt."

„Ich weiß noch nicht, was meine Aufgabe sein wird", tat der dritte Baum geheimnisvoll, „aber dass es etwas ganz Großes ist, das spüre ich." Und dann schwiegen sie wieder und jeder malte sich im Stillen seinen Traum aus, immer noch ein wenig farbiger und großartiger.

Nun wurden sie eines Tages tatsächlich gefällt, die drei Bäume – alle drei am gleichen Tage. „Jetzt wird mein Traum in Erfüllung gehen!", dachte jeder von ihnen. Aber ach! Aus dem ersten zimmerte man keine Schatztruhe, sondern einen schlichten Futtertrog, aus dem zweiten kein stattliches Schiff, sondern ein Fischerboot, den dritten aber hieb man zu einem groben Balken zurecht und stellte ihn mit vielen anderen solcher Balken in einen mächtigen hoch ummauerten Hof.

Monate und Jahre lang blieben die drei, was sie waren: ein Futtertrog, ein Boot, ein Balken. Bis eines Nachts ein Mann und eine junge Frau in dem Stall Schutz suchten, in dem der Futtertrog stand. Und mitten in der Nacht gebar die Frau einen kleinen Jungen, wickelte ihn in Windeln und legte ihn in den Futtertrog, der sich darob alle Mühe gab, sich recht ausladend und bequem zu präsentieren, damit das kleine Kind doch einigermaßen angenehm läge. Und seltsam: Auf einmal hatte er das Gefühl, als ob sein Traum sich doch noch erfüllt hätte: dass er den größten Schatz der Welt in sich trüge. Und wiederum viele Jahre später stieg ein Mann mit seinen Freunden in das Fischerboot, das da am See lag, und sie stießen vom Ufer ab. Mitten auf dem See aber erhob sich ein so starker Sturm, wie ihn das Boot niemals in all der Zeit erlebt hatte, die es den See befuhr. Gerade aber, als das Boot glaubte, seine Planken müssten zerbrechen, da erhob der Mann seine Hand und gebot dem Wind und den Wellen. Und siehe, sie beruhigten sich, und das Boot wusste, dass es seinen Sturm überstanden hatte wie so manches stattliche Schiff ihn nicht erlebt, und dass es seine Passagiere nun sicher ans Ufer bringen würde.

Drei Jahre später ergriffen kräftige Soldatenhände den Balken, der seine Zeit in dem ummauerten Hof zugebracht hatte, und luden ihn einem geschundenen, zerschlagenen Mann auf, der das Holz bis hinauf auf einen Berg vor der Stadt tragen musste. Dort kreuzigten die Soldaten den Mann, indem sie seine Hände mit Nägeln an den Balken schlugen. Und während sie den Balken aufrichteten und er seine eigenen Schmerzen fühlte und auch etwas von den unendlich viel stärkeren Schmerzen des gemarterten Menschen, dessen Gewicht er trug, spürte er, dass dies die geheimnisvolle Aufgabe war, auf die er so lange gewartet hatte. Er hätte nicht sagen können, wozu er dabei diente und worin der Sinn dieses Leides lag – aber dass es etwas ganz Großes war, das spürte er.

Nach mündlicher Überlieferung

Warum eigentlich?

„Weißt du, wie und warum wir hier in Deutschland eigentlich eine Religion haben, die aus Israel stammt und bis zu uns gefunden hat?“, fragte mich die Freundin, als wir nach der Christmette die Kirche verließen und in die sternklare Nacht hinaus traten.

„Gute Frage“, antwortete ich nachdenklich. „Es muss schon eine große, starke und frohe Nachricht gewesen sein, die es geschafft hat, unsere alten Götter von ihren Thronen zu stoßen. Kaum zu glauben, dass sie von einem kleinen Kind handelt.“

Rituale: Von Seeigeln und Schwimmkerzen

Als Kinder konnten wir es kaum abwarten: Adventskalender, Adventskranz und die festliche, damals noch etwas sparsamere Beleuchtung der Häuser und Straßen, dazu der erste Schnee – all das waren Vorboten des Weihnachtsfestes. Und dieses Fest, vor allem den Heiligen Abend, sehnte man herbei – natürlich wegen der Geschenke, aber auch wegen der Atmosphäre, wegen des Zusammenseins mit Großeltern, Onkeln und Tanten, vielleicht wegen der Lieder, wegen des nächtlichen Kirchgangs, Krippenspiels und Kerzenglanzes.

Manche Familien schaffen es, diese lieb gewordenen Rituale ins Heute zu „übersetzen" und ihren eigenen Kindern mitzugeben. Manches wird dabei verändert: Aus der obligatorischen Gans wird vielleicht ein Gemüsefondue oder ein Sushi-Dinner, der Weihnachtsbaum wird mit selbstgebastelten Engelchen statt mit Silberkugeln bestückt, und man gewöhnt sich daran, dass die Kids nach dem Essen erst einmal an den Computer stürmen und ihren Freunden in diversen Chatforen „Fröhliche Weihnachten" wünschen wollen.

Mit dem Kirchgang wird es schon schwieriger: „Langweilig!" ist der Tenor und da nützen auch die Einwände, dass es hier doch um den Inhalt des Festes geht, nicht viel, wenn die Clique zeitgleich mit dem Christmettenbeginn zur Disco aufbricht. Mancher verabschiedet sich fast ganz von den Ritualen der Kindheit, die er vielleicht als belastend, unecht und brüchig empfindet, weil das Schenken und Beschenktwerden zum materiellen

Schlagabtausch verkam oder weil jedes Familienessen im Streit endete. Also auf in den Süden oder in die Sauna, ins Kino oder zum Abchillen mit Freunden! Alles, nur nicht Weihnachten?

Rituale lassen sich zu allen Zeiten und in allen uns überlieferten Kulturen nachweisen. Die Höhepunkte des Jahres und des menschlichen Lebens, die bei den Naturvölkern oft über das Fortbestehen des ganzen Stammes entschieden, werden von jeher feierlich begangen, mit Glaubensvorstellungen tief begründet und verankert, mit vielfältigem Brauchtum umrankt. Rituale geben uns Sicherheit und Struktur in der Endlosigkeit von Raum und Zeit, können versöhnen und Auswege aufzeigen, Ideen und Gefühle wecken, das Zusammengehörigkeitsgefühl innerhalb einer Gemeinschaft stärken – und sei sie so klein wie ein Paar oder eine Familie –, ein Gefühl von Sinn und Erfüllung vermitteln. Außerdem ging man von jeher davon aus, dass einzelne Menschen und ganze Gesellschaften besonders in Übergangszeiten – etwa zwischen Neumond und Vollmond, zur Wintersonnenwende, nach der Geburt, beim Eintritt in das Erwachsenenleben, bei Hochzeiten und im Sterben – besonders mächtig und würdevoll, zugleich aber auch angreifbar und verletzlich wären und der erfahrenen Begleitung bedürften.

Das erleben wir auch heute noch so, wenn jemand in der Lage ist, eine besonders erhebende oder verworrene Situation in Worte zu fassen, bestimmte Zeichen, Symbole oder Gegenstände zu finden, die angemessen ausdrücken, was alle fühlen, und das Ganze zu einem guten Ende zu führen. In diesem Sinne können Rituale geradezu Balsam für die Seele des Einzelnen sein.

Wie jede Struktur lassen sich Rituale aber auch aushöhlen, entfremden und missbrauchen, sie können zur Farce, zur Diktatur, zur lästigen Pflicht oder zur unerträglichen Belastung verkommen. Da ist es gut, dass wir heutzutage nicht mehr den strengen Gesetzen eines Stammes unterworfen sind. Wir sind durchaus in der Lage, uns eigene Rituale zu schaffen und uns über das hinwegzusetzen, was uns am „Man-macht-das-eben-so" stört. Und wir sollten es tun, auch um unserer Kinder willen.

„Es soll etwas mit Kerzen sein, aber nicht auf einem Geburtstagskuchen", sagt die kleine Enkelin, als sie gefragt wird, wie denn ihr Beitrag zum 70. Geburtstag des Großvaters aussehen solle. Also sehr wohl etwas Traditi onelles, aber auch etwas ganz Besonderes, Eigenes. Am Ende wird eine große, wunderschöne, blaue Keramikschale mit Wasser gefüllt und vor den Opa gestellt. Dann zündet die kleine Anna-Lena nacheinander eine Menge blauer Schwimmkerzen an, spricht zu jeder einen persönlichen Wunsch, den sie sich vorher überlegt und aufgeschrieben hat, und lässt die Kerze auf dem Wasser schwimmen, bis die ganze Oberfläche bedeckt – und der Jubilar zu Tränen gerührt ist:

„Dass du gesund bleibst". „Dass du noch ganz lange mit Oma glücklich bist." „Dass du weiter mit mir in den Zoo gehst, die Tiere besuchen." „Dass du Französisch fertig lernst, auf den Eiffelturm kletterst und Paris von oben siehst …" Die Wünsche gibt es natürlich auch auf einem Zettel zum Nachlesen für den Großvater, in Schönschrift und mit Blümchen.

Dann war da dieses Ehepaar, das sich auf der Fahrt in den Italienurlaub hoffnungslos zerstritten hatte. Am

Meer angekommen, war von der gemeinsamen Vorfreude rein gar nichts mehr übrig geblieben. Und als die beiden so verloren am Strand standen und sich zumindest darin einig waren, dass sich niemand einen so traurigen Ferienstart gewünscht hatte, da kullerte eine stachlige, leere Seeigelschale vor ihre Füße. Mann und Frau sahen erst einander an und dann die Schale, die perfekt die kratzbürstige, verbiesterte Stimmung dieser missglückten Fahrt symbolisierte. In stummem Einverständnis knieten sie sich in den Sand, buddelten gemeinsam eine kleine Kuhle, legten die Schale behutsam hinein, begruben sie und damit ihren Streit – und gingen anschließend vergnügt ins nächste Restaurant, um ihre Versöhnung bei Pasta und Vino zu feiern.

Aus dem vorher Gesagten und diesen beiden kleinen Geschichten lassen sich ein paar wichtige Ideen für die Gestaltung von Ritualen ableiten:

Es wird nicht darum gehen, alles Traditionelle in Bausch und Bogen abzuschaffen, das vertraute „Alle Jahre wieder …“ kann und soll erhalten bleiben. Vielleicht sind es Kleinigkeiten, die sich verändern lassen, rund um die Vorbereitung, den Baum und das gemeinsame Essen, die Geschenke und die Gestaltung des Weihnachtsabends und der Feiertage. Neues, was allen Beteiligten Spaß macht, in die Tiefe geht oder einfach besser zum heutigen Lebensstil passt. Also nichts Aufgesetztes und nichts, was den Weihnachtsaufwand noch vergrößert!

Erfahrungsgemäß ist es gut, wenn im Vorfeld alle Beteiligten ihre Ideen einbringen dürfen, vom Jüngsten bis zum Ältesten. Und wenn am Festtag selbst eine Person den Ablauf des Geplanten kennt, ihn den anderen vorher noch einmal erläutert und darauf achtet, dass alle sich wohlfühlen und alles zu einem stimmigen Ende gebracht wird – so wie die Mutter der kleinen Anna-Lena dem Großvater ankündigte, dass er jetzt ein ganz besonderes Geburtstagsgeschenk erhalten werde, dessen Übergabe etwas Zeit brauche. Spontanes wie die Seeigelschale sollte trotz aller Planung aber immer möglich sein.

Wer einmal (wieder-)entdeckt hat, wie nützlich, liebevoll und befreiend Rituale sein können – kleine und große, bewusst, in Freude und gemeinsam mit allen Anwesenden gestaltete – , der wird sie nicht mehr missen wollen.

Hohelied

Und wenn ich mir die Sohlen ablaufen würde
nach Geschenken für die Kinder
und für alle meine Verwandten,
wenn ich im Schweiße meines Angesichts
den Christbaum in ein glitzerndes Meer von Kugeln
und Lametta tauchen,
den Tisch stilvoll decken
und ein Weihnachtsessen darauf zaubern würde,
das jeder Schlosskönigin zur Ehre gereichte,
und wenn ich pünktlich zur Christmette käme
und alle Weihnachtslieder
bis zur letzten Strophe mitsingen würde
und den gesamten Inhalt meiner Börse
in den Klingelbeutel kippte,
um jenen zu helfen,
denen es nicht so gut geht wie mir –

hätte aber die Liebe nicht,
so nützte es mir nichts.

Nach dem „Hohelied der Liebe" aus dem ersten Brief des Apostels Paulus an die junge Christengemeinde in Korinth, 13. Kapitel

Heilig Abend konkret

Und wenn es nicht so wäre wie alle Jahre wieder,
wenn wir einander ansähen,
wirklich und tief,
wenn wir nicht alles mit dem Mantel
oberflächlicher Harmonie zudeckten,
sondern jede und jeder erzählen dürfte,
in aller Ruhe und ohne Zwischenrufe:
der Sohn, dass er es immer noch nicht geschafft hat,
vom Alkohol wegzukommen,
die Tochter,
dass sie nie für die ersehnten Enkel sorgen wird,
das Nesthäkchen,
dass es sein Studium abgebrochen hat,
die Mutter, wie es sich anfühlt,
wenn der Vater jetzt so viel zu Hause ist,
der Onkel,
warum er der Großmutter nicht verzeihen kann,
der Großvater, wie er versucht,
sein Gedächtnis zu erhalten,
und wenn wir uns dann von dem großen Schrecken
ein wenig erholt hätten
und einander wiederum ansähen
und miteinander reden, weinen, lachen,
spielen und singen könnten,

dann wäre sicher das neugeborene Kind
mitten unter uns und spräche:
Seht, ich mache alles neu!

„Lade einen Einsamen ein"

Wochenlang war ich dir gefolgt,
die Plakatrollen unter dem Arm,
durch Schnee und Matsch,
an zugige Ecken und viel befahrene Straßen,
hin zu den Schaukästen unserer Gemeinden.
Überall hängtest du dieses Plakat aus,
gleich neben die Gottesdienstordnungen
für die Advents- und Weihnachtszeit.
„Lade einen Einsamen ein."
Ich war noch so jung,
dass du mir den Text vorlesen musstest.
„Was denn für einen Einsamen?", fragte ich neugierig,
„...und wozu sollen wir ihn einladen?"

Erst an Heilig Abend,
als du die alte Frau hereinbatest, die drüben,
auf dem schneeverwehten Spielplatz vor unserem Haus,
zusammengebrochen war,
in den Kreis unserer Familie,
in das Kerzenlicht des Weihnachtsbaumes,
und als sie an unserem Tisch saß,
fremd, blass und schüchtern
und zögernd von den Speisen nahm
und sich langsam erwärmte und zu lächeln begann,
verstand ich.

Von jenem Tag an wusste ich:
Du lässt dich beim Wort nehmen.

„Ich habe doch schon alles …“

… sagtest du, als ich dich
nach deinen wahren Weihnachtswünschen fragte.

Wirklich alles?

Genügend Zeit für dich?
Zeit für das, was du am liebsten tun willst,
was du anfangen möchtest
mit deiner kostbaren Lebenszeit?
Zeit für das Glück des Augenblicks?
Und Menschen?
Einen einzigen Menschen,
dem du alles sagen kannst,
vor dem du alle Masken abnimmst
und vor dem das Kind in dir spielen darf,
den du nachts um drei aus dem Bett klingeln kannst,
immer, auch noch nach Jahren,
auch wenn du weinst,
auch wenn du krank bist und alt,
und er steht auf,
um da zu sein, nur für dich?
Und einen Menschen,
für den du das alles bist?

„Na ja“, sagtest du, „wenn du so fragst …“

Mein größter Wunsch

Nein, du findest ihn nicht auf dem Wühltisch
und nicht im Last-Minute-Shop,
nicht in der Kosmetik-Abteilung
und im Blumengeschäft,
auch nicht im weltweiten Netz.

Du musst ihn mir schon von den Augen ablesen,
von meinen Lippen,
du musst verstehen,
was mein Herzschlag dir sendet,
das ganze Jahr über
und noch lange nach Ladenschluss.

Verschenke, was nur du geben kannst

Verschenke, was wie Gold für dich ist.
Eine kleine Spanne deiner kostbaren Zeit.
Liebe, die dauert.
Einen weisen Gedanken
wie einen Schatz aus der Tiefe.

Verschenke, was wie Weihrauch ist:
Dein Staunen, deine Bewunderung.
Demut vor dem Unbegreiflichen.
Die Gabe, im Kleinsten
das Größte zu sehen.

Verschenke, was wie Myrrhe ist:
Mitleid, Trost und Erbarmen.
Die Kraft, zusammen
eine weite Wüste zu durchqueren.
Den Mut, an das Ziel zu glauben.

Verschenke das,
was nur du geben kannst.
Du wirst bekommen,
was nur für dich bestimmt ist.

Stille Nacht in der Straßenbahn

Machen Sie einmal die Probe: Gehen Sie auf die Straße, während der Bescherung, wenn alle feiern. Keine Angst, Sie dürfen gleich zurück ins Warme! Wenn Sie das anschließend überhaupt noch wollen.

Denn einen Volksauflauf oder eine Volkszählung werden Sie wohl nicht antreffen. Doch vielleicht Maria, die ihr kleines Kind über den Platz trägt und es mit ihrem Schleier vor dem Abendwind schützt.

Josef, der ausgerechnet die Heilige-Nacht-Schicht erwischt hat, und die Straßenbahn sicher in die Stadt lenkt, während zwei nichtsesshafte Hirten im Hintergrund sich eine Flasche Rotwein teilen. Den Mann, der im Industriegebiet zusteigt, merkwürdigerweise ein frisches Brot unter dem Arm, und sich zum König des Waggons macht, indem er großzügig davon abgibt. Die junge Frau im langen Kleid, die nichts mitbringt als ihre Schönheit und ein trauriges, kleines Lied auf ihren Lippen. Noch einmal Josef, der urplötzlich „Oh du fröhliche“ anstimmt, deutlich zu hören aus seiner Fahrerkabine heraus. Die erschöpfte Nachtschwester. Den Elektriker im Blaumann, dem die vielen glitzernden Glühbirnen und Lichtkaskaden in den Vorgärten einen Streich nach dem anderen spielen. Eine asiatische Familie, die von einem ganz anderen Fest kommt, von einer Hochzeit nämlich, und man zeigt sich die vielen Fotos auf den Displays der Kameras. Einen Mann, der weint. Einen Vater, der seinem Kind zeigt, wie man eine Wunderkerze entzündet. Und schon wieder Josef, diesmal mit „Ihr Kinderlein, kommet“…

Möchten Sie noch zurück ins Warme?

Das Fest der guten Augen

Kaum eine Weihnachtspredigt hat mich je so berührt wie jene, im Internet gefundene, in der ein Pfarrer seiner Gemeinde von einer Begegnung in Hamburg erzählt. Er nahm damals an sogenannten Straßenexerzitien teil, einer Form der geistlichen Übung, die letztlich auf den Jesuiten-Gründer Ignatius von Loyola zurückgeht und von dem Berliner Pater Christian Herwartz SJ in unsere Zeit übersetzt wurde. Die Teilnehmer/innen an Straßenexerzitien ziehen täglich – tatsächlich oder nur im übertragenen Sinne – ihre Schuhe aus, die Schuhe der Sicherheit und Standfestigkeit, der Überheblichkeit und der Gewalt, des äußerlichen Reichtums, der Abgrenzung und der Zielstrebigkeit. Barfuß machen sie sich auf den Weg durch die Stadt, leben eine Woche lang auf der Straße, in großer Offenheit für das, was auf sie zukommt. Abends berichten viele in der Gruppe von dem Gefühl, geführt zu werden – und zwar an Orte, die sie bisher nur vom Hören-Sagen her kannten: Gefängnisse und Obdachlosenheime, Tafelläden und Sozialämter, Amtsgerichte und Bordelle, Parkbänke und Nischen, die Nichtsesshaften als Herberge dienen, Hospize und Altenheime, Moscheen und Synagogen, Friedhöfe, Fabrikhallen und Krankenhäuser mit Babyklappen. Und je weiter sich die Exerzitien-Teilnehmer von den üblichen, sicheren Orten entfernen, auf bloßen Füßen und mit offenen Herzen, umso näher scheinen sie sich selbst, ihren innersten Gefühlen und Gott zu kommen.

Der Pfarrer, der seine Gemeinde in seiner Weihnachtspredigt an den Erlebnissen während seiner Straßenexerzitien teilnehmen ließ, wählt eines Tages die Nordseite des Hamburger Hauptbahnhofs für seine Exkursion ins Unerwartete und setzt sich ganz in die Nähe derer, die er „Hirten der Straße“ nennt, die man gemeinhin eher als Obdachlose und Penner bezeichnet.

Einer von ihnen löst sich aus der Gruppe, kommt direkt auf den Priester zu und fragt, ob er sich zu ihm setzen dürfe. Unvermittelt ergibt sich ein erschütterndes Gespräch, in dem der junge Mann sein ganzes Leben vor dem Zuhörenden ausbreitet: Seinen Ausstieg aus der bürgerlichen Welt, seine weiten Reisen, sein Abgleiten in die Drogenszene, seine Infektion mit dem HIV-Virus. Seine Familie hat ihn längst für tot erklärt, die Ärzte haben ihm vor wenigen Tagen eröffnet, dass er noch etwa drei Monate zu leben habe. Er sucht einen letzten Freund und Bruder. Einen, dem er seine einzige Kostbarkeit, einen silbernen Armreif, anvertrauen kann, der diesen in Ehren halten und an ihn denken wird – damit wenigstens im Herzen eines einzigen Menschen eine Spur von ihm zurückbleibt, wenn er die Welt verlässt. Nach anfänglichem Zögern nimmt der zuhörende Pfarrer das Geschenk des Fremden tief bewegt entgegen, verspricht, es allen Konventionen zum Trotz zu tragen und in Ehren zu halten.

„Wie bist du eigentlich darauf gekommen, gerade mich anzusprechen?“, fragt er schließlich seinen neuen, unverhofften Freund.

„Du bist seit Langem der Erste aus der anderen Welt“, antwortet dieser, „der uns mit guten Augen angesehen hat.“ Eine Aussage, die den Zuhörenden schockiert: „Nicht auszudenken, wenn ich an diesem Tag schlechte oder böse Augen gehabt hätte – wie an so vielen anderen Tagen des Jahres!“

Und damit schlägt er den Bogen von den „Hirten der Straße“ zum Weihnachtsfest: Gott selbst ist Mensch geworden, damit wir unsere Mitmenschen mit seinen guten und liebenden Augen anblicken können. Weihnachten sollte zu einem Fest der guten Augen werden, der Augen, die eine vielleicht verborgene, quälende körperliche und seelische Not des Mitmenschen wahrnehmen. Der Augen, welche die Liebe Gottes in die Welt ausstrahlen und Menschen ermuntern, sich ein Herz zu fassen und uns ihre Not, worin immer sie auch bestehen mag, zu offenbaren.

Was müsste geschehen, damit Weihnachten mir die Schuhe auszieht und meinen Blick verändert, an jedem Tag des Jahres, so dass andere darin Gottes Liebe und Mut zum Leben finden?

Gott braucht Menschen

Weihnachten:

Gott braucht
Menschen,
um Mensch zu werden.

So war es damals.
So ist es bis heute.

Maranatha: Der zweite Advent

„Maranatha" lautet eines der letzten Worte der Bibel. Es stammt aus der Offenbarung des Johannes, dem einzigen durchgehend prophetischen Buch des Neuen Testamentes, voller geheimnisvoller Symbole, Bilder und Visionen für die Zukunft. „Maranatha" ist ein Wort aus der Muttersprache Jesu, dem Aramäischen. In dieser dreitausend Jahre alten Sprache, die heute noch in der syrisch-orthodoxen Kirche lebt, sind uns viele Passagen des Alten Testamentes sowie einige Worte von Jesus selbst überliefert wie: „Talitha kumi – Mädchen, steh auf". „Eloi, eloi lama sabachtani – Mein Gott, mein Gott, warum hast du mich verlassen."

Jesus und seine Jünger haben so miteinander gesprochen – und die ersten Christen übernahmen den die Bibel beschließenden Ausruf: „Maranatha! – Unser Herr, komm!", auf den der Schreiber Jesus antworten lässt: „Ja, ich komme bald."

Die Urchristen benutzten dieses Wort als Grußformel und drückten damit ihre ganze Hoffnung aus, Jesus werde nach seinem Tod, seiner Auferstehung und Himmelfahrt bald zu ihnen zurückkehren, das Reich Gottes, dessen Nähe er verkündet hatte, ein für alle Mal auf Erden aufrichten, alle Schmerzen beenden, alle Tränen trocknen, dem Tod für immer die Macht nehmen und eine neue Schöpfung begründen.

Mit dem sehnsüchtigen Ausruf „Maranatha – Unser Herr, komm, komme bald!" wird deutlich, dass die ersten Christen gleichsam in einer Art zweiten Advent lebten. So wie die gläubigen Juden – was wir uns oft nicht klar machen – bis heute den Messias erwarten (wohlgemerkt: seine erste Ankunft, denn in Jesus erblickten sie ja nicht den von Gott gesandten Erlöser) – so erwarten Christen bis auf den heutigen Tag seine zweite Ankunft, seine Wiederkehr.

Weihnachten ist demnach ein Anfang, eine Verheißung und ein Versprechen, das noch eingelöst werden muss – und immer wieder in den seitdem vergangenen zweitausend Jahren haben die Menschen das Kommen des Herrn, die Endzeit und die Neue Schöpfung erwartet, herbeigesehnt und -gebetet, aber auch gefürchtet. Manche glaubten, den Zeitpunkt berechnen und sogar festlegen zu können, wer bei dem gleichzeitig zu erwartenden Endgericht gerettet würde und wer mit Sicherheit nicht zu den Auserwählten gehöre.

Um die erste Jahrtausendwende herum häuften sich Gedichte, poetische Romane, Predigten und dringende Aufrufe zur Umkehr, denn man glaubte den Jüngsten Tag nahe. Wir alle haben die zweite Jahrtausendwende nach Jesu Geburt erlebt: Damals hörte man nur noch wenig von den letzten Tagen der Welt, eher fürchteten wir einen Zusammenbruch des weltweiten Datennetzes, der Stromversorgung und der Fahrpläne von Zügen und Flugzeugen …

„Maranatha – Unser Herr, komm!" Können wir diese Worte noch in den Mund nehmen? Rechnen wir damit, wollen wir, sehnen wir uns danach, dass er wiederkommt? Vielleicht nicht als hilfloses kleines Kind diesmal, sondern tatsächlich in großer Macht und Herrlichkeit? Dass er vollendet, was wir vom nahen Reich Gottes verstanden und mit unserer kleinen Kraft, mit Liebe und voll guten Willens begonnen haben – an den geringsten seiner Brüder und Schwestern – und das alles abgebrochen wird, was himmelschreienden Hass und Ungerechtigkeit, Unfrieden, Leid und Tod in die Welt brachte. Dass Gott wiederum alles in die Hand nimmt, wie am Anfang seiner Schöpfung, und ein neues Paradies schafft, in dem der Löwe beim Lamm liegt, und das Kind mit der Natter spielt …

Wir können uns immer wieder einüben in diese Haltung der Erwartung und der Hoffnung: Wohl zu der halben Nacht, wenn das Morgenlicht weit ist und die Sorgen überhand nehmen. Mitten im kalten Winter, wenn der Frühling fern scheint. So fern und so unglaublich wie das erste Grün, das wir uns kaum vorstellen können an den kahlen Ästen, die Wiederkehr der ersten Blüten im Schnee – oder die Wiederkehr eines Menschen, der schon einmal unsere Welt verändert hat.

Die Wiederkehr des Sterns

Sie trat einen Schritt zurück und betrachtete kritisch ihr Spiegelbild. Ob man ihr ansah, dass sie bald siebzig wurde? Sicher, seit ihre Kinder sie nicht mehr brauchten und ihr Mann gestorben war, hatte sie sich verändert. Die Haut um Augen und Mund war mit einem Netz feiner Fältchen durchzogen und an ihrer Figur machten sich die vielen Torten bemerkbar, die sie aus Kummer und aus Langeweile im Café Kessler verspeist hatte. Aber andererseits: Sie war repräsentativ, sie konnte sich auf der Straße bewegen, ohne unangenehm aufzufallen – allerdings auch, ohne beachtet zu werden.

Sie war sich nicht sicher, ob sie sich gefiel. Liebend gern hätte sie etwas an ihrer äußeren Erscheinung verändert, vielleicht auch an ihrer einsamen Wohnung. Einen radikalen Schnitt gewagt, sich ein neues Leben vorgenommen, wie einen aufgeschlagenen Kalender mit lauter leeren Seiten und 365 verheißungsvollen Tagen. Nachdenklich und in sich versunken stand sie vor dem Spiegel, die Stimme des Nachrichtensprechers drang zunächst gar nicht in ihr Bewusstsein, denn der Fernseher lief ohnehin fast immer bei ihr – es war sonst so still in ihrer Wohnung.

„Und nun noch eine Sondermeldung", sagte der Sprecher des Regionalsenders gerade. „Wie die Weltraumbehörde NASA bekannt gibt, wird sich am diesjährigen Heiligen Abend ein Komet über unserer Stadt befinden. Es handelt sich um einen großen Himmelskörper, der mit bloßem Auge erkennbar sein wird. Zudem halten es Wissenschaftler nicht für ausgeschlossen, dass es sich um den gleichen Kometen handelt, der sich vor gut zweitausend Jahren schon einmal in relativer Erdnähe befand. Damals soll er besonders gut über dem Gebiet des heutigen Staates Israel sichtbar gewesen sein. Wie der Oberbürgermeister mitteilte ..."

Sie setzte sich auf den nächsten Stuhl. Die Nachricht, die sie soeben gehört hatte, war wirklich sensationell. Ob es sich bei diesem Kometen tatsächlich um denselben Stern handelte, der damals ... Den Stern von Bethlehem? Den Weihnachtsstern? Sicherlich war sie die Erste, der dieser Gedanke kam. Aber, überlegte sie mit schüchtern aufkeimender Freude: Da hatte sie ja schon eine Neuigkeit, wegen der es sich lohnte, heute auf die Straße zu gehen, ein Thema, das ihr helfen konnte, mit anderen ins Gespräch zu kommen!

Ohne noch einen Blick in den Spiegel zu werfen, griff sie nach ihrer Handtasche und lief die Treppe hinunter, unziemlich schnell für ihr Alter und ihre Figur – aber das war ihr völlig egal. Auf den letzten Stufen kam ihr noch ein weiterer Gedanke: In diesem Jahr würde sie an Heilig Abend nicht allein sein, viele tausend Menschen würden die Straßen und Plätze der Stadt bevölkern, um den Kometen zu beobachten. Vielleicht würde es sogar ein großes Fest für alle werden.

Sie ging die Straße hinunter, immer noch in diesem raschen, fast jugendlichen Schritt. Wie schnell sie lief, merkte sie erst, als die fast mit dem Pfarrer zusammenstieß, der ihr entgegenkam.

„Nun, nun, gute Frau, nicht so hastig!", rief dieser etwas verwundert aus. Sie platzte, ganz gegen ihre Gewohnheit, ohne Einleitung mit ihrer Neuigkeit heraus: „Herr Pfarrer, haben Sie heute schon von dem Kometen gehört, der an Heilig Abend über unserer Stadt sichtbar sein wird? Was denken Sie: Könnte es sein, dass es sich bei diesem Stern um den Weihnachtsstern handelt? Den Stern, der bei Jesu Geburt über dem Stall stand?"

Der Pfarrer schaute sie erstaunt an, schließlich antwortete er bedächtig: „Sicher habe ich schon daran gedacht, gute Frau, dass es sich bei diesem Kometen um denselben Stern handeln könnte, der einst die Geburt unseres Herrn anzeigte. Aber ich bin noch ein wenig weitergegangen: Bedenken Sie, dass der Stern damals über einem Ort verharrte, von dem eine große Veränderung ausging, welche die ganze Welt erfasste. Die Worte und das Wirken Jesu haben sich wie ein Lauffeuer verbreitet. Und wenn der Stern nun nach so vielen Jahrhunderten wiederkehrt, wäre es dann nicht wahrscheinlich, dass er wiederum einen Ort auszeichnet, von dem eine Veränderung ausgeht, eine Umkehr in dem Sinne, wie Jesus sie gemeint hat?"

Sie wollte gerade anfangen, über diese Frage nachzudenken, als sie bemerkte, dass der Pfarrer gar keine Antwort erwartete: „Die Kirche ist ein solches Zentrum der Veränderung", stellte er stolz fest und fügte rasch hinzu: „Natürlich die Kirche unserer Konfession, bei allem Respekt vor unseren Brüdern und Schwestern im Glauben. Sicherlich wird der Stern an Heilig Abend während der Christmette genau über dem Kirchturm stehen blieben. Kommen Sie doch auch zu uns, sein Sie dabei, ich würde mich freuen, Sie zu sehen", schloss er seine Rede, schon halb im Weggehen.

„Ich werde es mir überlegen", murmelte sie zu sich selbst. Ob es stimmte, was der Pfarrer vermutete? Dass der Stern auch diesmal, wie vor zweitausend Jahren, auf ein besonders bedeutsames Ereignis, auf eine Veränderung oder Umkehr hinweisen wollte? War dieser Gedanke nicht etwas verrückt?

„Nur zu“, ermunterte sie der Professor, dessen Kommen sie gar nicht bemerkt hatte. „Die meisten wissenschaftlichen Arbeiten beginnen mit irgendeiner verrückten Fragestellung, also fragen Sie.“

„Oh verzeihen Sie, Herr Professor, ich muss eben laut gedacht haben“, sagte sie entschuldigend. „Aber vielleicht können Sie mir ja wirklich helfen, obwohl…“ Schüchtern unterbreitete sie ihm ihre Ideen, sah ihn danach erwartungsvoll, aber auch ein wenig ängstlich an, jederzeit gefasst, er könne sie auslachen. Doch der Professor nickte nachdenklich vor sich hin.

„In der Tat“, meinte er versonnen, „heute Morgen schlug mir ein Kollege vor, wir sollten an Heilig Abend mit unseren beiden aktuellen Publikationen auf die Straße treten. Der Stern werde dann höchstwahrscheinlich über einem von uns beiden stehen bleiben. Zuerst erschien mir diese Idee tatsächlich ein wenig abstrus, aber jetzt, da Sie die gleiche These vertreten … Man bedenke, der Ruhm unter den Vertretern des Fachbereichs, international endlich anerkannt sein …“

Die letzten Worte murmelte er nur noch, in Gedanken versunken. Sie ließ ihn stehen und ging weiter, von einer seltsamen inneren Unruhe erfüllt. Der versponnene Professor hatte ihr auf unerklärliche Weise Mut gemacht. Wenn schon ein Buch eine umwälzende Veränderung darstellen konnte, warum sollte sie, einfach aus der Vorfreude auf ein großes, gemeinsames Fest heraus, nicht auch etwas Neues beginnen, ihr Leben ein wenig umkrempeln? Ganz bescheiden und im Kleinen? Vielleicht stand alles, was sie ab heute tat, ja wirklich unter einem guten Stern. Augenblicke später betrat sie den Friseursalon, mit gelöstem Haar, den Hut in der Hand. „Abschneiden“, sagte sie mit solcher Bestimmtheit, dass der Friseur keine Chance zum Widerspruch hatte…

Der Nachmittag verging wie im Flug und als sie, bepackt mit vielen Paketen, Tüten und Kartons wieder vor ihrer Haustür stand, bemerkte sie überrascht, dass es fast schon dunkel geworden war. Sie hatte vielen Menschen zugehört, die alle vom Licht des Sterns und von der allgemeinen Begeisterung und Erwartung angesteckt zu sein schienen und davon sprachen, was sie an Heilig Abend Bedeutsames auf die Straße bringen wollten. In dem Modehaus, in dem sie sich ein durchaus gewagtes Traumkleid in Blau gekauft hatte, erzählte ihr die Verkäuferin, man werde einen Luxus-Pelzmantel im Park auslegen. Der Juwelier, bei dem sie sich ein blau-violettes Aquamarin-Collier samt Ohrringen leistete, wollte das erst kürzlich entdeckte Riesenexemplar eines ungeschliffenen Diamanten auf die Straße bringen. In den Forschungsabteilungen der großen Hardware-Hersteller arbeitete man mit Hochdruck an einer neuen, intelligenten Computer-Generation, welche die Erschaffung des Menschen zumindest ansatzweise in den Schatten stellen sollte. Noch auf dem Heimweg hatte sie viele Leute getroffen, die einander zuflüsterten, sie würden sich noch vor Heilig Abend einen neuen Wagen, die ersehnte ultramoderne Traumküche oder auch eine uralte, wertvolle Bibel anschaffen.

Allerdings erschien es ihr so, als ob man über all der Aufregung vollkommen vergaß, von welcher Art das Welt verändernde Ereignis vor zweitausend Jahren gewesen war. Dennoch kamen ihr die Vorhaben der anderen bedeutend vor, wenn sie diese Pläne mit den winzigen Veränderungen verglich, die sie selbst bei sich vorgenommen hatte. Je mehr die anderen ihr erzählten, umso mehr war ihr Elan wieder in sich zusammengefallen, sie fühlte sich klein und verletzlich.

Die Tage verrannen. Sie ging kaum noch außer Haus. Sie hatte sich öffnen, sich auf ein gemeinsames Fest freuen wollen. In ihrer Stadt aber dachte jeder nur noch an sich selbst und daran, wie er die anderen übertrumpfen und sich selbst unsterblich machen könnte.

Nur einer schien bei diesem Treiben nicht mitzumachen – das fiel ihr allerdings jetzt erst auf, wo sie die Zeit zu Hause verbrachte und oft gedankenverloren aus dem Fenster und zum gegenüberliegenden Haus hinüberblickte. Dort drüben war vor einem knappen halben Jahr ein junger Mann eingezogen. Mitte Zwanzig mochte er sein, im Alter ihrer fernen Enkel. Sie hatte gehört, dass er bei der Bank im Zentrum arbeitete, also einem soliden Beruf nachging. Aber warum holte er dann abends so oft eine Trompete hervor und übte darauf bis tief in die Nacht hinein? Es war schon des Öfteren vorgekommen, dass sie es einfach nicht mehr aushielt, obwohl sie abends ohnehin wach lag und grübelte. Dann hatte sie das Fenster aufgerissen und „Ruhe!" hinübergeschrien. Meist war daraufhin die Musik sofort verstummt.

Gerade jetzt aber, so kurz vor Heilig Abend, während sie ganz besonders empfand, wie kalt und leblos ihre Zimmer waren, machte sie sich viele Gedanken, über sich selbst und ihr Leben, immer mehr aber auch über den jungen Mann dort drüben. Denn das war ihr aufgefallen: Er ging morgens zur Arbeit, kam abends nach Hause und blieb dann in seiner Wohnung, genau wie sie.

Hatte er keine Bekannten, keine Freundin? Überlegte er sich denn nicht wie die anderen, was er Besonderes für Heiligabend auf die Beine stellen könnte? Ob es bei ihm drüben genauso still war wie bei ihr – spielte er auf der Trompete am Ende gegen das große Schweigen und seine Einsamkeit an? Stand er manchmal wie sie am Fenster und schaute zu ihr hinüber? Und warum nur schlich er sich immer wieder in ihre Überlegungen?

Endlich war der Tag da, den die ganze Stadt mit fieberhafter Spannung erwartete, der 24. Dezember. Schon am frühen Morgen sah sie vom Fenster aus die Leute in den Straßen zusammenströmen und sich auf den Weg Richtung Markt begeben. Sie hörte den Aufruhr in der Stadt allerdings mehr, als dass sie ihn sah, denn sie hatte damit begonnen, nun doch ein richtiges Festmenü zuzubereiten. Zuerst war sie mehr aus Tradition und Pflichtgefühl heraus an die Arbeit gegangen. Aber während sie ihren winzigen Christbaum schmückte, war so etwas wie Vorfreude in ihr aufgekeimt, ein vages Gefühl, dass sie heute vielleicht doch noch etwas Schönes, Neues unternehmen würde. Die Gans im Backofen begann schon zu duften.

Sorgfältig breitete sie das weiße Damasttuch auf dem Tisch aus, stellte Kerzen und ein weihnachtliches Gesteck hinzu und nahm anschließend zwei Tischgedecke aus dem Schrank. Zwei? Zwei! Sie wusste selbst nicht, warum sie das tat, aber es ging wie von selbst. Mit einem Mal sah es warm und freundlich aus in ihrem Wohnzimmer. Eigentlich konnte sie mit dem Essen beginnen. Unschlüssig stand sie in der Küche, da hörte sie, wie draußen die Glocken zu läuten begannen. Neugierig lief sie zum Fenster und spähte hinaus – da bemerkte sie etwas, das sie die Kirchgänger vergessen ließ. Sie sah einen Schatten am erleuchteten Fenster gegenüber. Er war also auch heute zu Hause, allein, und sie konnte im Hintergrund keinen kerzengeschmückten Christbaum entdecken. Bei ihr dagegen war es warm und hell, sie hatte ein schmackhaftes Essen gekocht, es ging ihr gut und...

Sie dachte nicht mehr zu Ende. Mit zwei Schritten war sie am Kleiderschrank und nahm das blaue Traumkleid heraus. So, nun noch das Collier – und den dunklen Mantel ließ sie einfach zu Hause. Drüben brauchte sie nur ein einziges Mal zu klingeln, da öffnete er schon und sie sah in sein junges und ein wenig erstauntes Gesicht. „Guten Abend", sagte sie leise. „Ich wollte nur fragen, ob Sie... ob Sie Lust hätten, mit mir Heilig Abend zu feiern. Wissen Sie, ich bin so allein da drüben bei mir in meiner Wohnung und da..."

„Mann, sind Sie durchgestylt!", platzte er heraus. „Ist das Kleid vielleicht neu? Sie hatten doch sonst immer nur so braves Zeug an, am besten noch mit diesem Monstermantel in Kastenform darüber... Oh Verzeihung", er legte die Hand vor den Mund, „Sie laden mich so nett ein und ich habe nichts Besseres zu tun, als Sie zu beleidigen."

„Nicht schlimm", meinte sie lächelnd, „der Mantel ist doch wirklich ein scheußliches Kleidungsstück. Also, wenn Sie gerne Gänsebraten essen, meiner ist eben fertig geworden. Oder erwarten Sie selbst noch Gäste?"

Ein Schatten fiel über sein Gesicht. „Meine Freundin hat mich komplett vergessen, wie es scheint, seit ich aus unserem Dorf in diese Stadt gezogen bin", sagte er leise. „Und überhaupt", er seufzte, „es ist hier alles eine Nummer zu groß und zu anonym für mich, habe ich festgestellt. Ich finde einfach keinen Menschen."

„Na, dann kommen Sie erstmal mit", sagte sie resolut. „Bei mir drüben ist es warm und, wie ich glaube, auch ganz gemütlich."

„Ja, dann komme ich einfach mit." Er strahlte schon wieder. „Darf ich meine Trompete mitbringen? Wissen Sie, abends ist niemand da, der mich erwartet, und dann übe ich immer ein wenig auf ihr, vergesse den ganzen Tag, freue mich an der Musik ... Aber", plötzlich verfinsterte sich sein Gesicht, „warum erzähle ich Ihnen das eigentlich? Sie mögen meine Musik ja gar nicht. Sie schreien ja quer über die ganze Straße, um ihre geheiligte Ruhe wieder herzustellen."

„Ich glaube, ich habe viel versäumt, wenn ich mich bisher nur wenig für Musik interessiert habe", entgegnete sie ruhig. „Spielen Sie mir etwas vor auf Ihrer Trompete? Natürlich nur, wenn Sie mögen."

„Wollen Sie das wirklich?", fragte er zweifelnd. Sie nickte.

„Na gut, dann hole ich sie gleich!", sagte er, schon wieder jungenhaft und eifrig, und verschwand im dunklen Hintergrund der Wohnung. „Ich habe nämlich ein neues Solostück komponiert, leicht verjazzt!", rief er von drinnen.

Die kleine Straße war menschenleer, nur vom Marktplatz her hörte man ein unbestimmtes, dichtes Stimmengewirr. Wahrscheinlich wird der Stern bald auftauchen, dachte sie flüchtig und merkwürdig uninteressiert. Sie hatte Wichtigeres zu tun. Gleich darauf begann das schönste Festessen, das sie seit Jahrzehnten erlebt hatte. Es machte ihr Spaß, zuzusehen, mit welchem Appetit und welcher Freude er sich über die Gans hermachte. Sie füllte die Gläser und stieß mit ihm an. Es gab einen hellen Klang. „Übrigens", sagte er, „ich heiße Thomas, und Sie?"

„Anna", erwiderte sie, „aber das weiß kaum einer in der Nachbarschaft. Ich mache mich eher unsichtbar."

„So sind sie mir auch vorgekommen", gab er zu. „Wie eine Unsichtbare, die ab und zu überraschend lautstark ausrastet. Ich glaube, in Ihnen steckt viel mehr, als die anderen auch nur ahnen. Wissen Sie was? Ich widme Ihnen mein neues Solostück für Trompete, ich schenke es Ihnen, ja?"

Später spielte er ihr seine Eigenkompositionen vor, die, mit Muße gehört, selbst für das ungeübte Ohr ihre Reize hatten. Plötzlich legte er die Trompete beiseite. „Können Sie Walzer tanzen?", fragte er.

„Ich weiß nicht", antwortete sie verwundert. „Vielleicht klappt es ja, wenn meine Knochen nicht schon zu sehr eingerostet sind."

„Ok, Sie bringen mir Walzer bei und ich Ihnen ein paar Line Dance Steps", schlug er begeistert vor und rollte den Wohnzimmerteppich zusammen. Sie wusste nicht, wie ihr geschah. Aber als sie die Musik aus dem Fernseher hörte, bewegten sich ihrer Beine wie von selbst. Während sie um ihren winzigen Christbaum tanzten, glaubte sie einen Augenblick lang, Lärm auf der Straße und ein Geräusch unten an der Haustür gehört zu haben. Aber sie hatte sich wohl getäuscht. Der Morgen des ersten Feiertages dämmerte, als sie ihr Fest beendeten. Während sie müde zu Bett ging, hörte sie ihn drüben das Solo-Stück spielen, das er ihr gewidmet hatte. Lächelnd schlief sie ein, noch während die Musik herüberklang.

Sie wachte um neun Uhr auf. Jetzt erst fiel ihr der Stern wieder ein, der Stern von Bethlehem, der gestern Abend über ihre Stadt hinweggezogen war. Sie beeilte sich, nun doch etwas neugierig geworden, mit dem Anziehen. Als sie vor die Haustür trat, sah sie sich einer größere Menschenansammlung gegenüber, Blitzlichter flammten auf, eine Fernsehkamera begann zu surren, Mikrofone wurden auf sie gerichtet und eine Frau, die sie flüchtig kannte, stürzte auf sie zu.

„Anna, Anna!", rief sie aufgeregt. „Hast du uns denn gestern Abend nicht gehört, wir haben wie wild an deiner Tür geklopft?"

„Nein", sagte sie, „ich habe nichts gehört, was gab es denn so Besonderes?"

„Aber der Stern, der Stern!" Die Stimme ihrer Bekannten überschlug sich fast. „Er ist doch genau über deinem Haus stehen geblieben! Dein Haus lag vollkommen in seinem Licht!"

„So?", sagte Anna mit einem ganz warmen Lächeln. „Das konnte ich allerdings nicht sehen. Wisst ihr, mein Nachbar Thomas und ich, wir feierten um diese Zeit gerade das Weihnachtsfest miteinander."

Zimmermann und König

„Was würde wohl der Zimmermann aus Nazareth dazu sagen?", pflegte mein Vater kritisch zu fragen – nicht nur mit dem Blick auf manche in seinen Augen übertriebene kirchliche Macht- und Prunkentfaltung, sondern auch auf Lieblosigkeit, Unversöhnlichkeit, Gleichgültigkeit und Egoismus in der Pfarrgemeinde, in der Nachbarschaft, in der Familie, auch bei sich selbst. Viel später begegnete mir ein ganz ähnlicher Satz bei Martin Niemöller. „Was würde Jesus dazu sagen?" Diese schlichte Frage war unbestechlicher Kompass und Wegweiser für den evangelischen Theologen. Sie trieb ihn in den Widerstand gegen den Nationalsozialismus und gegen die Lethargie in den eigenen Reihen, ließ ihn während des Kalten Krieges von Feindesliebe und angesichts des Mauerbaus von Dialog und Versöhnung sprechen. Sie machte ihn zum Helden und zum Einsamen, zum Unerbittlichen auch gegen sich selbst, zum Verehrten und Gehassten.

„Ja, ich bin ein König", antwortet Jesus seinem Richter. „Doch mein Reich ist nicht von dieser Welt." Es gibt wohl kaum einen passenderen Anlass im Kirchenjahr, über das Verhältnis von Politik und Kirche, weltlicher Macht und christlichem Glauben, himmlischer Glorie und diesseitiger Hingabe bis zum Tode nachzudenken als das Weihnachtsfest. Bei allem Glanz und aller Verehrung sollte uns dieser Stachel im Fleisch erhalten bleiben:

Was würde wohl der Zimmermann aus Nazareth dazu sagen, der als Kind in einem Stall zur Welt kommt, der König, dessen Reich gedanklich, zeitlich und räumlich all unsere Grenzen sprengt?

„Du wirst es nicht glauben, Anne-Marie…"

„…aber wir haben es tatsächlich getan! Celine, Michelle und ich. Michelle hat ihrem Chef irgendetwas von unbezahltem Sonderurlaub erzählt und dass sie sich längst eine Auszeit verdient hätte. Keine Ahnung, ob sie damit durchkommt. Celine war beim Einkaufen und hat alle Tüten einfach vor einer alten Frau abgestellt, die mit ihrem Hund auf einer Wolldecke vor dem Supermarkt saß. Braucht sie nicht mehr, den Inhalt, hat sie nur gesagt. Und ich, ich habe einfach meine Klasse sitzen lassen! Kannst du dir das vorstellen? Mitten in der vierten Stunde. Wir lasen gerade diese alte Geschichte und auf einmal sagte ich zu meinen Kindern: Wisst ihr was? Ich habe das schon so lange vor, und jetzt mache ich es einfach. Zusammen mit meinen Freundinnen. Wir folgen unserem Stern.
Du wirst uns für völlig verrückt halten, Anne-Marie, aber ich sage dir: Wir sind auf dem richtigen Weg, alle drei. Endlich! Keine Ahnung, was oder wer uns am Ende erwartet, aber es fühlt sich absolut richtig an…

Deine Barbara

Meine Stern-Stunden

Manchmal sehe ich ihn, meinen Stern.
Keine Wolke trübt seinen Glanz,
er strahlt weit ins Dunkel hinein,
erhellt den Himmel und das Land,
das darunter gebreitet.

Manchmal sehe ich ihn, meinen Stern.
Er zeigt mir den Weg, meinen Weg,
hin zu dem Ziel, das ich mir ersehne.
Kein Zweifel ist möglich.
Die Berge, die Täler, die Hindernisse,
die Menschen, denen ich begegnen werde,
ihr Staunen, ihre Fragen, ihre Zweifel, ihr Urteil,
ihre Hilfe auch, ihre Freundschaft, ihre Liebe.

Alles ist taghell und klar
im Licht meines Sterns.
Auch das Gold sehe ich,
das ich zu verschenken habe,
gesammelt in meinen Händen und in meinem Herzen,
und die bittere Myrrhe des Schmerzes,
die sich gehäuft auf meinen Schultern über die Jahre,
aber auch den leichten,
wohlduftenden Weihrauch der Träume,
der ungebrochenen Hoffnung, der Sehnsucht,
die mich nie ganz verlässt.

Manchmal sehe ich ihn, meinen Stern.
„Es ist nicht zu spät", spricht er. „Noch nicht!"

Und der Weg, den er weist,
ruft mich allein,
kein anderer ging ihn zuvor
und keiner wird in meine Fußstapfen treten.
Das Wagnis ist mein und die Zukunft.

Manchmal sehe ich ihn,
meinen Stern, meinen Weg.
Und ich höre auf zu denken und zu planen,
mache mich auf
und folge.

„Seht, ich mache alles neu"

Das Eis des Winters schmilzt
wie das Eis der Herzen.

Der Stacheldraht,
den wir um unsere Seelen gelegt hatten,
trägt duftende Kirschblüten.

Die Farben kehren zurück
und verzaubern das Grau.

Hell und Dunkel,
Tag und Nacht versöhnen sich.

Niemand geizt mehr mit Wärme
oder Zärtlichkeit.

Das lange Schweigen füllt sich
mit dem Lachen der Kinder
den geflüsterten Worten der Liebenden
und dem Lied der Vögel.

Die Schwalben kehren zurück
wie die verloren Geglaubten.

Zeit dehnt sich endlos aus,
summend wie die erste Biene.

Denn dies ist der Anfang.
Die Welt ist jung
und gesegnet
wie am ersten Tag der Schöpfung.

Und wir
mit ihr.

Das Zitat „Seht, ich mache alles neu“ stammt aus der Offenbarung des Johannes. Als letzter Abschnitt der Bibel schließen diese Verse einen großen Kreis: Ähnlich dem ersten Buch der Bibel, der Genesis, zeigen sie die (Schöpfer-)Kraft Gottes, die letztlich bewirkt, dass Chaos, Bosheit, Leid und Tod schwinden und, wie in den Tagen des ersten Paradieses, wieder „alles sehr gut“ wird.

Ganz Ohr für Gott

Haben Sie sich, bevorzugt „Zwischen den Jahren“, schon einmal eine Zeittorte „gebacken“? Eine kreisrunde Grafik, die einen typischen Tag, eine Woche oder vielleicht sogar ein Jahr in Ihrem Leben darstellte und die Sie in große „Tortenstücke“ für Arbeit – Familie – Hobby – Reisen – Essen, Trinken und Schlafen eingeteilt haben?
Es kann sehr aufschlussreich sein, auf diese Weise festzustellen, womit man seine kostbaren Minuten, Stunden und Tage verbringt – und dann, zumindest in der Fantasie, vielleicht eine ganz neue Einteilung mit ganz anderen Prioritäten vorzunehmen. Mit größeren Zeit-Tortenstücken für die Familie zum Beispiel, für Sport, ein ehrenamtliches Engagement.
Und mit Abschnitten, die ungefüllt und unverplant bleiben, leer, offen und erwartungsvoll? In denen wir uns aus dem Alltagsgetriebe zurückziehen, wie es von Jesus so oft erzählt wird: vor seinem ersten öffentlichen Auftreten, vor seinen großen Reden und vor seinem Sterben, mitten aus der Menschenmenge heraus, an einen See, auf einen Berg, allein mit sich und dem Vater, in Stille. Vielleicht erzählend, lobend, dankend, fragend, Kraft schöpfend, sicher auch klagend und anklagend, wie es der jüdischen Gebetstradition entspricht. Vor allem aber: ganz Ohr für Gott. Weniger in der Haltung des Redenden, sondern vielmehr des Hörenden und Empfangenden. „Rede Herr, dein Diener, deine Dienerin hört!“, so eröffnen die großen Beter der Bibel ihr Dasein vor Gott. Und: „Höre, Israel!“, antwortet dieser.
Haben wir die Zeit dafür, zwischen Handy- und Tür-Klingel, Internetrauschen und Fernsehprogramm? Ab

und zu abschalten, in jeder Hinsicht, innerlich und äußerlich, scheint ein gutes Rezept zu sein für eine Zeittorte und für ein Jahr, in dem Gott und die eigene Seele einen Platz finden.

Heute

Kaum ein Zeitbegriff
so häufig in der Bibel wie dieser:
Heute
ist euch in der Stadt Davids der Heiland geboren,
hat sich dieses Schriftwort erfüllt,
wirst du bei mir im Paradiese sein.
„Zachäus, komm schnell herunter,
denn ich muss heute dein Gast sein,
und heute ist diesem Haus Heil widerfahren."
Alles jetzt, sofort und in einer Eile,
die keinen Aufschub duldet.
Wie in jener Nacht, als sie aus Ägypten zogen
und nicht einmal Zeit blieb, das Brot zu säuern.

Als ob sich, wenn Gott uns nahe kommt,
alles, was möglich ist,
auf einem einzigen Punkt zusammendrängt,
alles, was wir wünschen, hoffen, sehnen, glauben,
in einem Augenblick, der nie wiederkommt,
in der Zeiten Fülle, zum Greifen nah.
Wenn wir es nur begreifen.
Heute.

Abschied

Und noch bevor die Glocken
zu läuten begannen,
bevor die ersten Böller
in den Himmel stiegen
und die ersten Lichtgarben
die Nacht zum Tag werden ließen,
gingst du durch das Haus,
vom Keller bis zum Dachboden
und öffnetest alle Fenster.

Kälte drang ein,
ein leichter Wind bauschte die Vorhänge.

Ich hörte,
wie das alte Jahr
sich auf den Weg machte.

Und das Haus
atmete aus.

Mit den Augen eines Kindes

So will der Morgen begrüßt werden
und das neue Jahr.

So will das Leben betrachtet werden.

So will Gott gesucht werden,
der Höchste, der sich im Kleinsten verbirgt.
Der Liebende, der unseren Blick sucht
mit den staunenden Augen eines Kindes.

Quellenverzeichnis

Wir danken folgenden Verlagen für die freundlich erteilte Abdruckerlaubnis:

Müller, Inge

Wie die Kinder (S. 60/61), Die Legende von den drei Bäumen (S. 78/79), Heute (S. 117) ©2009 Verlag am Eschbach der Schwabenverlag AG, Eschbach/Markgräflerland

Das Licht finden (S. 37), Lass dich berühren (S. 42), Engel wie Du und Ich (S. 49), So nahe ist Gott (überarbeitet) (S. 62/63), Verschenke, was nur du geben kannst (S. 91) ©Die Texte sind abgedruckt auf verschiedenen Karten- und Postermotiven des Verlags der action 365, Frankfurt am Main

Bibliografische Information Der Deutschen Bibliothek

Die Deutsche Bibliothek verzeichnet diese Publikation in der Deutschen Nationalbibliografie; detaillierte bibliografische Daten sind im Internet über http://dnb.ddb.de abrufbar.
1. Auflage 2011

Umschlagabbildung: Atelier Lehmacher
Druck und Bindung: CPI Books GmbH, Ulm
ISBN 978-3-7806-3117-6